UN NOM DUR À PORTER

DU MÊME AUTEUR

Je marcherai sur ton corps, Fixot
Betsy, Fixot
Épouse ou Maîtresse, Albin Michel
La Femme de sa vie, Albin Michel

ANNE-MARIE MITTERRAND

UN NOM DUR À PORTER

ÉDITIONS DU
ROCHER
Jean-Paul Bertrand

ISBN 2 268 04522 6

À Bernard Maris
sans qui je n'aurais
pas écrit ce récit.

CHAPITRE 1

MITTERRAND, C'EST FINI…

Agresseur ou attaqué, ne vous en expliquez à aucun prix.

RUDYARD KIPLING

Non ce n'est pas fini, ça continue.

Si les agresseurs veulent se taire, c'est leur problème, moi j'en ai assez d'être attaquée, et contrairement à ce qu'en dit Rudyard Kipling, une explication me semble soudain essentielle.

Je me nomme Anne-Marie Mitterrand et ne suis qu'une « nièce rapportée ».

Par un joli dimanche de mai 2001, je rentre du Salon du livre de Nice, vidée, écœurée, dégoûtée. Le soleil y a pourtant brillé, le déjeuner sur la plage était gai. J'en ai pris plein la figure. Les heures passées derrière le comptoir, à attendre le client, m'ont ébranlée. Les lecteurs dans cette région ne sont apparemment pas favorables à leur défunt président, ils s'arrêtent devant moi, le temps de réaliser mon patronyme, et sautent sur l'occasion : chic ! Une responsable ! Ils me passent un savon. Comme si j'y pouvais quelque chose, moi, à l'oubli malheureux de Jean-Christophe. Il ne paye pas ses impôts, et alors ? Est-ce à moi de lui rappeler les dates du tiers provisionnel ? Roland Dumas, paraît-il, se contredit sans vergogne… Au tribunal, il s'appuie sur une canne, Faubourg-Saint-Honoré il est au bras d'une dame…

– Vous avez vu ? « Vous » manquez pas de toupet !

Moi ! Qu'y puis-je ? Que faire ? Ce monsieur ne fait pas partie de mes relations, pourquoi suis-je visée ?

Tout comme je comprends que les Français soient abasourdis par les propos de Danièle Mitterrand, je suis choquée pareillement, mais n'y suis pour rien.

Des erreurs et des gaffes, j'en commets et tente de les admettre, mais je ne veux en aucun cas me charger de celles des voisins, j'ai assez avec les miennes.

Voilà plus de vingt ans que je suis prise entre les feux de l'amour et ceux de la haine à l'endroit de mon oncle par alliance, François Mitterrand. J'essaie de ne plus me frapper. Ce dimanche soir, je suis renversée !

À propos de cet homme, j'ai tout entendu, des admirations enflammées aux ressentiments exaspérés.

– Dites-lui, vous qui avez l'honneur de l'aborder, dites-lui ma fidélité éternelle, de ma part offrez-lui une rose rouge.

Je promets !

– Quel personnage ! Quelle haute intelligence !

J'acquiesce.

Tantôt éclatent des rages envieuses, qui me mettent mal à l'aise.

– C'est un malhonnête, on les connaît, vos sales magouilles…

– Il s'en est mis plein les poches.

Faut-il rougir de honte ?

Ou encore on me demande d'entériner des ragots ignobles à propos de sa vie personnelle, dans laquelle, n'étant pas du tout impliquée, il m'est difficile d'approuver ou de blâmer. De toute façon, on devrait juger un président de la République au résultat de sa politique, non à la nature de ses coups de foudre. Les Français adorent soulever les couvertures pour réfléchir à l'avenir de la patrie !

Je ne voudrais pas jouer à la diva poursuivie par les paparazzi, mais pendant les deux jours que dure un Salon du livre, chaque auteur, à son niveau modeste ou prestigieux, est sur la sellette. L'éditeur assure la promotion de son livre en l'emmenant dans les villes principales des provinces françaises afin de rencontrer ses lecteurs. Nul n'est obligé d'accepter, c'est un atout supplémentaire pour être découvert par ce que l'on écrit ou pour conforter sa position d'écrivain. Peu à peu on s'attache les lecteurs en discutant avec eux, ils donnent leur avis. Critiques comme louanges aident à progresser et ce serait bête de refuser une telle opportunité. Je suis ravie de ces week-ends pendant lesquels nous sommes entourés, chouchoutés, maternés par les organisatrices. Quand on est débutante, les « confrères » chevronnés vous enseignent les ficelles du métier. Au fil des dernières années, je suis souvent devenue amie avec mes voisins de stand successifs. Ni exclusion ni ostracisme, je m'entends avec tous, peut-être parce que je ne fais ombre à personne.

Christiane Rimbaud, historienne, au contraire de moi, n'écrit pas de romans, pourtant, lors de la sortie de mon précédent bouquin, *Épouse ou Maîtresse*, elle en vantait les qualités, tandis que j'expliquais son ouvrage aux lecteurs. Il est beaucoup plus facile de glorifier le talent de l'autre que de s'envoyer des fleurs à soi-même.

Mère au foyer pendant dix-huit ans, je n'ai rencontré que des gens qui ignorent tout de la patience, de l'énergie, de la confiance en soi qu'il faut pour venir à bout de l'écriture d'un livre de quelque deux cents pages. Fréquemment, l'un ou l'autre s'exclame :

– Ah si j'avais du temps, j'en aurais du talent, j'en écrirais des belles histoires !

Comme si le talent suffisait ! Du travail oui, de longues heures d'affilée pour exprimer ce qui se bouscule dans la tête, semble si simple à dire. Cent fois revenir sur la même phrase ! Ne pas se décourager ! Enfin ! Dans les Salons du livre, je côtoie des gens qui passent par les mêmes angoisses que celles que je pensais être la seule à éprouver, et dont les ambitions ressemblent aux miennes. La solitude se dissipe.

Les enfants doivent quitter le nid, c'est du vol, une déchirure, mais lorsque le dernier d'une famille atteint l'âge de raison, pour son bien, la mère doit commencer à s'effacer, sans pleurs et sans regret. La retraite si redoutée viendra, lourde comme une couverture sous laquelle on voudrait s'endormir puisqu'on ne sert plus à rien. Mon dernier a seize ans. J'ai échappé au spleen du sevrage, par le biais de l'écriture qui m'offre le bonheur de m'éloigner de la réalité dans mes romans, mais aussi, j'ai découvert dans les Salons du livre un monde de personnages qui me surprennent et me séduisent : conteurs illuminés, poètes enflammés, pamphlétaires marrants, biographes convaincus, philosophes fantaisistes, auteurs de thrillers si sympathiques qu'on ne peut les imaginer baignant dans les crimes, et journalistes bienveillants qui bien souvent ont rempli mon cœur et mon âme d'euphorie pour avoir lu mon livre et l'avoir compris.

À la Fête du livre de Limoges, ma place est mitoyenne à celle de Jean Raspail.

Le libraire qui tient le stand a dû faire une erreur, murmure-t-on autour de moi quand je m'apprête à m'installer. Homme de droite, royaliste, il ne va pas m'épargner ! Très intelligent mais caustique… je serais incapable de me défendre ; d'autre part, il soulève l'enthousiasme de nombreux lecteurs, mais inutile d'espérer des retombées de son succès, son public ne peut en aucun cas s'intéresser à moi ! On me conseille de demander un changement de place. Sûrement pas ! Je suis enchantée, pour une fois que je déniche un original dont les idées correspondent à celles de mon père, je ne vais pas le lâcher. Déjà par son habillement, il me le rappelle : élégant comme l'était papa, un vrai bonheur. Dans un pays uniformisé par le jean en tire-bouchon, où l'on fête la Révolution française à grand renfort de cotillons et de chansons hostiles à la royauté, c'est bon de se retrouver en terrain de connaissance.

Je m'assois donc à côté de l'écrivain, tout à fait détendue. Évidemment, c'est un homme bien élevé, évidemment il se garde d'engager une polémique politique avec une dame. Dès que je lui apprends que lorsque j'étais enfant, j'accompagnais mon père à la messe du souvenir de Louis XVI, le 21 janvier, nous ne tardons pas à nous entendre. Il est drôle, sympathique et original, je m'amuse, mais je suis nulle en Histoire de France !

– Ma fille n'est pas idiote, disait mon père, elle est seulement très lente…

Élève inattentive, voisine de Jean Raspail, je me suis mordu les doigts d'avoir, naguère, écouté trop distraitement les leçons d'histoire que papa essayait en vain de me faire entrer dans la cervelle. Afin de prouver que « je pouvais y arriver », il s'était chargé de mon éducation, hors du stress de l'école ; il prétendait m'amener au savoir en douceur. Sa méthode ne fut qu'à moitié efficace, je rêvassais dans le giron paternel, les retards dans toutes les matières s'accumulaient et mes carences en culture générale s'amplifièrent tranquillement. Je n'y connais rien, moi, à la royauté !

D'emblée, j'ai préféré renoncer à donner le change, avouant mes lacunes à Jean Raspail. « C'est très simple », assure-t-il. Aussitôt, il griffonne sur un bout de papier la généalogie des rois de France. Le cher homme ignore la facilité avec laquelle la pensée du cancre de naissance s'évade dès qu'il doit se concentrer ; une seconde nature. À l'instant présent, je me souviens de la patience infinie de mon père qui devinait tout de suite que « j'étais ailleurs ».

– À quoi pensez-vous, petite ? me demandait-il tendrement pour me rappeler à l'ordre.

Perdue dans mes ravissants souvenirs, j'ai certainement dit une bêtise et sursaute quand Raspail tonne :

– Mais dites-moi, Mitterrand, réveillez-vous ! Vous êtes complètement bouchée !

J'éclate de rire.

En collier de perles et foulards noués autour du cou, un défilé de fidèles lui font signer ses ouvrages, entre deux autographes, nous parlons. Il allume sa cigarette avec une allumette. Il est génial.

L'atmosphère de ces Fêtes du livre est conviviale, chaleureuse, on est immergé dans le milieu littéraire, on admire la beauté des villes françaises, ces week-ends sont merveilleux, le seul problème est leur raison d'être : vendre sa salade, c'est pénible, et la vendre quand on s'appelle Mitterrand, ces temps-ci, c'est du masochisme. Je suis plus à l'aise lorsque dans certain salon comme celui de la Wiso, chaque auteur est escorté d'une « marraine » ! Elle est à vos côtés pour vous soutenir moralement, appuyer votre discours et faire votre publicité en utilisant des superlatifs que vous n'oseriez jamais prononcer à propos de vous-même, et puis, à votre grand soulagement, c'est elle qui conclut le marché, une bénédiction !

De manière générale, on se bouscule devant le stand du dernier Prix Goncourt ou celui d'auteurs médiatisés, tandis que les nouveaux venus sont nettement moins sollicités. Quand on n'a pas l'habitude, c'est difficile de placer sa propre marchandise, et nombreux sont ceux qui bayent aux corneilles, mais les attachées de presse sont là pour remonter le moral de leurs brebis découragées et les aider à prendre du recul. La réussite viendra, il faut juste de la patience et du travail.

Pour moi, c'est un peu différent, tout dépend dans quelle région je me trouve, j'aurais certainement été mieux accueillie, à l'époque de la splendeur de Mitterrand, dans son fief de Nevers qu'à Nice, ville de droite, après la chute de l'empire ! Nous sommes arrivés par avion le matin et dès onze heures me voilà assise derrière mon stand. J'ai tout de suite ressenti l'aversion des visiteurs.

Il y a déjà beaucoup de monde, les gens se promènent, feuillettent les ouvrages, parlent avec les auteurs, achètent ou continuent la balade. Devant moi, personne ne s'arrête, ils me regardent d'un air vengeur et filent en vitesse. Dès le début, je me demande ce que je leur ai fait, je sens que la journée va être rude ! C'est absolument atroce d'attendre le client sans qu'aucun manifeste de l'intérêt. On ne sait quelle attitude adopter, le regard doit-il demeurer vague ou bien s'emparer de celui d'un passant et le fixer jusqu'à le contraindre à s'avancer vers vous ? Du mien tous se détournent. Je cogite des ruses qui me mettraient en valeur. Cela ferait bon effet de me coller le portable sur l'oreille pour faire semblant de téléphoner à mon éditeur américain et d'une voix suraiguë lui imposer des conditions draconiennes à propos de la prochaine traduction de mes œuvres complètes ! Peut-être serait-il propice à la vente de m'inventer une occupation : rafistoler mon vernis à ongle avec nonchalance, tricoter, me poudrer le nez comme dans les dîners où l'on s'embête ? Un auteur à succès me reproche de manquer de chaleur, je dois aimer les lecteurs, aller vers eux, les embrasser ! Lui, c'est surtout les femmes qu'il prend dans ses bras. Il les emballe vite fait, les étreint, les presse sur son cœur jusqu'à ce que, proprement étouffées, elles crient grâce. Je ne sais si elles achètent pour échapper à ses ardeurs fiévreuses ou par conviction, en tout cas elles repartent, les paumes des mains sciées par les poignées du sac en plastique plein à craquer des livres du confrère ! Je suis loin de posséder son charisme, surtout dans cette fête niçoise dont l'ambiance ultraconservatrice freine mes élans naturels. Je me vois mal me précipiter sur un retraité à sale tronche pour lui rouler un patin.

Je suis interrompue dans mes réflexions stériles. Serait-ce la lumière au bout du tunnel ? Enfin des admirateurs ! Devant moi un couple de gros se tient, inébranlable, campés sur leurs jambes écartées ; ils occupent du terrain et résistent à la bousculade.

Avec de la chance et du tact, je peux espérer l'anniversaire de leur grand-mère, mon roman se déroulant au début du siècle ; les vieux adorent revenir sur le passé et moi je pourrais leur fourguer deux exemplaires, allez zou ! Deux pierres d'un coup ! D'un air engageant, je leur souris. Le monsieur est énorme, sanguin, il transpire beaucoup, d'un mouchoir sale il se bouchonne constamment le front et le crâne qu'il a chauve, sa femme à ses côtés porte un corsage avec des fleurs qui lui colle à la peau tant elle suinte. Pourvu qu'ils ne m'attrapent pas une attaque avant d'avoir acheté ! Je m'empresse de leur fournir des informations complémentaires concernant le contenu de mon ouvrage, *La Femme de sa vie*. Ce que j'ai fait de plus poignant, de plus émouvant, un milieu que je connais bien, la bourgeoisie étouffante du début du XXe siècle, respectable pour son courage, sa dignité et ses valeurs, on peut lui reprocher de jeter et de vouer à la solitude celui dont les aspirations diffèrent des siennes, de ce qui doit « se faire, se dire, se penser », immuables conventions, règles sévères. *La Femme de sa vie*, un amour fort entre un homme et sa mère, pas d'inceste, pas de désir équivoque, juste de l'amour comme il en existe parfois, rarement…

– Bonjour madame, monsieur… Il était une fois Baptiste, le fils, Julia, la mère… Elle était si jolie, elle chantait si bien…

Raconter un roman est un exercice insupportable, comment traduire en quelques mots l'émotion, le rythme, le suspense, sur lesquels on a travaillé pendant des mois ? Il faut se laisser entraîner par la musique dont j'ai tant essayé d'animer les phrases, se laisser emporter par les sentiments que vivent les personnages. Mes phrases creuses tombent dans le vide. Le double tas m'observe, sans un signe d'encouragement. Dans leur silence péjoratif, je termine mon exposé laborieux.

– Une belle histoire d'amour entre un fils et sa mère…

Le gros envoie un coup de coude à la grosse.

– Une histoire de pédés, ouais !

– Ben voyons ! réplique sa dame. On va pas attendre la moralité de ces gens-là !

Le langage me dérange, l'injustice me blesse. Je m'insurge ! Précisément dans ce livre je parle de sentiment, il n'y a pas de sexualité…

Quand il n'essuie pas sa sueur, l'obèse excédé me jauge en pianotant des doigts ses bras croisés à la hauteur de sa poitrine. Que lui opposer en guise de défense ? Il se concentre avant de m'exécuter. Un méchant juge de dessins animés, qui se permet de me tutoyer comme une délinquante en garde à vue au commissariat de police.

– Avec le nom que tu portes, c'est facile de vendre des cochonneries !

Je crois bien que ma vente est ratée !

Que dire ? Que répondre ? L'auteur placé à ma droite, Joël Schmidt, s'indigne à son tour. Cette attaque est dirigée à tort, le nom d'une personne ne détermine pas le sens d'un récit. Gentil de me défendre, mais sa témérité lui vaut des exclamations outragées.

– Elle n'a qu'à s'appeler autrement… Non mais, c'est pas vrai ! Si elle veut l'anonymat, qu'elle change de nom. Ingrate en plus !

L'ingratitude n'est pas le terme exact. Présentement, mon nom est plutôt source d'emmerdements.

Je laisse mon cher Joël à son rôle d'avocat, et disparais sous la nappe qui recouvre la table à la recherche d'un objet que je n'ai pas perdu. Je fonctionne à retardement et ne suis pas encore en colère, ces poids lourds sont agressifs, en cas d'affrontement physique je ne suis pas de taille à me défendre.

Il semble normal de tenir à son identité. Allez donc proposer à monsieur Couilloneau d'avoir un nom moins gênant, immédiatement il va se rebeller, crier au scandale, énumérer les exploits de ses ancêtres… Mais la peine que je pourrais faire à mes enfants en me désolidarisant d'eux, on s'en balance. « Ya qu'à… Ya qu'à… » Les bons conseils sont horripilants ! Et puis, on ne peut pas tout anticiper, lors de la sortie de mon précédent bouquin, il avait le vent en poupe, le Président, comment prévoir que le Français change d'idole comme de chemise ! Yen a bien quelques-uns qui ont voté pour lui ! Décidément, du Capitole à la roche machin, ce n'est vraiment pas loin…

Prudente, je réponds aux gens qui me demandent « qui je suis » en récitant la ritournelle convenue : nièce par alliance du Président, belle-sœur de Frédéric, « celui qui parle à la télé », mon beau-père, Robert Mitterrand, n'est pas le général, mais le polytechnicien.

La curiosité étant insatiable, certains me cuisinent, pour que j'en vienne à des aveux plus précis ; pourtant beaucoup prétendent en savoir énormément sur cette famille que je rencontre seulement aux occasions communes à la plupart des individus ordinaires… Les anniversaires… Les enterrements… Noël… La galette des rois… En des lieux peu propices aux confidences intimes. Ne peut-on se satisfaire des titres des journaux plutôt que de m'interroger ?

En rongeant mon frein sous la table, j'attends que mes agresseurs s'en aillent, tapie aux pieds de mon copain Joël qui me rappelle : « Tu peux revenir ! »

Je m'extirpe de ma cachette, nous exposons longuement ce qui fait notre révolte, Joël est le plus charmant des hommes, il compatit, me propose un verre, j'allume une cigarette, mi-amère, je me moque un peu des avantages et inconvénients de la célébrité.

Ma bonne humeur de commande résiste tant bien que mal à la malveillance, nous ne sommes qu'au début des hostilités. Le scénario se répète, autour de moi on murmure, est-ce sa femme ? Sa fille ? Par bribes, des remarques me parviennent :

– Mais non, sa maîtresse s'appelle Pin... quelque chose !

Ils n'ont donc rien à faire que de me regarder comme une bête de cirque ?

Un jeune avec un sac à dos me demande de signer une carte postale, il est réfractaire à la lecture mais collectionne les autographes des personnalités, n'en suis-je pas une ?

Une dame qui semble pressée s'arrête :

– Eh bien ! siffle-t-elle.

Je m'abstiens de riposter : « Eh bien quoi ? »

Un type qui n'achètera certainement pas mon livre, après dix minutes d'inquisition serrée qui ne lui apprend rien de neuf, furieux que je ne lui livre aucun « scoop » sérieux, me crache méchamment :

– Les cachotteries, avec moi ça ne marche pas !

Il peut froncer les sourcils autant qu'il veut, la tête sur le billot, je ne lui en révélerai pas davantage, pour le sensationnel, il est mal tombé. Par principe, je m'efforce à la discrétion, « noblesse oblige ! ». On ne crache pas dans la soupe.

Je porte ce nom, mes enfants le portent, c'est ainsi, pas autrement, on ne peut le renier, en dépit des démêlés actuels de Jean-Christophe avec la justice, on doit garder la tête haute.

Le regard vague, j'admire le manège d'un auteur à quelques mètres de moi. Ce type a la vente dans le sang, avec un culot remarquable il refile à un bonhomme sa trilogie au complet. « J'ai écrit ces livres pour vous », clame-t-il à la cantonade.

Soit sa technique prend, soit il se fait engueuler, menacé du service d'ordre pour boniment abusif. Il ne se démonte pas. « Lisez mes œuvres en entier et vous comprendrez que je dis vrai ! »

Je suis fascinée. Probablement, il noircit du papier pour le plaisir de marchander, il est édité à compte d'auteur et jure à qui veut l'entendre qu'il a décliné l'assistance d'un éditeur pour rester ce qu'il est, un écrivain qu'on ne domestique pas.

– Libre, je suis un homme libre ! assure-t-il en se tapant la poitrine.

Sainte Vierge ! Je devrais prendre exemple, je ne peux rester comme une potiche alors que ce pantin arrive à fourguer sa marchandise !

Cette belle ville de Nice, visiblement, n'est pas le lieu idéal pour me lancer dans le négoce, les gens semblent m'en vouloir personnellement. Pourtant je ne suis rien qu'une personne qui aime écrire des romans, chacun trouve son bonheur là où il peut ! La pondération s'acquiert, c'est une belle qualité que j'essaie de cultiver, je fais des progrès, maîtrise de mieux en mieux mes sentiments et domine mes pulsions meurtrières comme mes emballements. Bravo ! Ce calme volontaire me pèse. De nature, je suis excessive, intense, emportée. Quand la conversation vire au bavardage, quand le rire se commande, et quand on parle sexe ou loisirs, je m'ennuie. Il ne reste pas grand-chose ! Dans mes livres, je me laisse aller à ma vraie nature. À travers des personnages imaginaires, j'oublie les concessions et pratique au gré de mon humeur la violence ou la beauté, le joli, ou le faux et l'ignoble, peu importe, pourvu que ce soit fort. L'écriture fait de moi une menteuse autorisée, met du vrai dans mes rêves et de la passion là où il n'y en aura pas. Quitte à tomber dans pire que la réalité, je pourrais danser, chanter, lorsque par des mots j'estompe le minuscule, l'ordinaire, le lot de chaque jour. Mon évasion à moi, je la trouve dans l'écriture. Si je n'écris pas, peut-être pourrais-je en mourir.

Dans les journaux, je ne lis que les rubriques littéraires, et si j'ai des convictions politiques inébranlables, j'oublie de m'informer des derniers propos tenus par tel et tel à l'encontre de mon oncle ou de ses fils, et manque de compétence pour y répondre. Quand Jean-Christophe fut mis en garde à vue à Noël, des amis m'ont téléphoné, désolés que le père de mes enfants fasse de la prison pendant les fêtes ! J'ai mijoté dans l'angoisse pendant vingt-quatre heures sans réaliser de qui il s'agissait ! Je n'ai même pas eu l'idée d'acheter un journal pour m'informer !

Il n'y a pas de rapport entre l'actualité politique et mes romans, pourquoi vouloir en trouver, j'essaie de devenir un écrivain, c'est tout. Comment expliquer à des Niçois excédés par ma présence qu'ils se trompent de cible, ils s'en vont en courant après s'être déchargés de leurs rancœurs à l'encontre de François Mitterrand en crachant leur venin sur mes pauvres piles de bouquins soigneusement rangés sur l'espace qui leur est attribué. Mon voisin, un homme charmant, Patrick Cauvin, qui lui signe en continu, entre deux aficionados, se laisse distraire par une nouvelle dame qui m'interroge, l'air mauvais :

– Et vous ? Qui vous êtes, par rapport à qui l'on sait ?…

Va pour l'habituel bla-bla, la nièce, la belle-sœur, parfois une personne à part entière… Elle m'observe, sceptique, détective douée, « on ne la lui fait pas » ! Pas la peine de frimer, la ressemblance génétique est indubitable, ça crève les yeux ! Le Président et moi avons le même regard ! Cauvin rigole, remarque en se moquant :

– Vous alors ! Vous avez l'œil !

Nous rions, son amitié me fait plaisir. Il me conseille gentiment de mettre un écriteau en bonne place devant mes livres : « Pièce rapportée – N'y suis pour rien ».

Je vais sérieusement y penser.

Mais voilà un monsieur sec comme un coup de trique, lèvres inexistantes, yeux enfoncés dans un visage maigre, l'air fâché. Il fixe la couverture de mes livres, sans les toucher comme s'il craignait une contamination, puis m'observe sans aménité. Je lui adresse un sourire des plus avenants. Il desserre à peine les dents. On dirait qu'il cherche à m'hypnotiser, j'en perds contenance.

Je suis presque soulagée quand enfin il se penche vers moi et martèle ses mots :

– Allez vendre vos conneries ailleurs, vous n'avez rien à faire ici.

En général, je m'écrase, mais dans cette belle région niçoise, on l'a dans le collimateur, le Président, une centaine de personnes m'ont agressée depuis le début du salon ! Zut, j'en ai marre ! Soudain, ce quinquagénaire qui se permet de juger sans savoir m'agace ! Je me dresse par-dessus le comptoir, pose ma main sur la manche du redresseur de torts, pas vindicative mais désireuse de clarifier ma situation.

– Monsieur, lisez mon livre, je parle de l'amour d'un fils pour sa mère, je ne fais pas de politique, je ne suis qu'un auteur, j'aime les beaux sentiments, la bonne grammaire et la concordance des temps, pourquoi m'en voulez-vous ?

J'ai une âme, un cœur, un cerveau pour réfléchir, je suis une personne à part entière, accordez-moi le privilège de n'être que moi-même…

L'honnête citoyen sursaute comme si je l'avais brûlé, en fait je lui ai fait peur.

– Ah mais ! Lâchez-moi… Lâchez-moi… Vous avez qu'à rentrer chez vous ! Les Mitterrand, ras le bol !

Il joint le geste à l'expression et s'enfuit.

Si Mitterrand avait été mon père, je lui aurais tiré une dégelée de petits plombs dans le cul, à ce pékin. Il n'est que mon oncle par alliance. Je me rassois.

À la fin de l'après-midi du samedi, nous allons à l'hôtel déposer nos bagages. Dans l'ascenseur qui nous monte à nos chambres, je pousse un soupir. Françoise Xénakis et Stéphanie Janicot me demandent gentiment ce qui ne va pas. Je hausse les épaules : « Déprimant de se faire engueuler toute une journée pour ne vendre que deux livres. » Je dois avoir l'air bien désolé, car Françoise, qui en vend des centaines, compatit.

– Je vais t'en acheter un, moi, de livre, si ça peut te consoler.

J'en ai les larmes aux yeux tellement c'est gentil ; c'est vrai, je suis accablée. Dans le couloir, d'autres auteurs me remontent le moral. Plus tard, pendant le dîner, comme Patrick Cauvin, Patrick Poivre d'Arvor me conseille un bandeau, une phrase évocatrice, une petite entourloupe pour expliquer mon cas.

– Ma pauvre amie, me dit-il, pour vous c'est pas facile !

Lui au moins me comprend !

Le lendemain dimanche, jour du Seigneur, c'est encore pire, Mitterrand à travers moi en prend plein la figure. Presque à chacune des accusations, il est entendu que puisque je porte son nom, j'ai les mêmes idées que lui. Rien à faire pour les convaincre du contraire, inutile de plaider, je suis marquée : coupable, socialo tendance Tonton !

Exaspérée par ce défilé de conservateurs hargneux, j'évite de virer définitivement à gauche en quittant le salon avant sa fermeture. La haine aurait fini par provoquer ma violence, j'en attrape un et le tape. À défendre frénétiquement une cause à laquelle je n'adhère pas, on m'aurait tenue pour complètement timbrée.

Lundi sera un jour nouveau, je dois déjeuner avec une copine très chère, Jane, à laquelle une amie journaliste a promis de parler de mon livre, une bonne nouvelle me ferait oublier ce week-end éprouvant. Allez courage, ma fille !

Jane est une personne directe, dès le début du repas, en me regardant droit dans les yeux, elle m'annonce que la journaliste en question s'est montrée très ferme, elle ne veut en aucun cas citer une Mitterrand dans sa rubrique ! Avec l'histoire du fils qui sévit partout, décidément non ! Je réconforte Jane, abasourdie par une attitude qu'elle ne pouvait imaginer. Il faut l'avoir vécu pour le réaliser. Chantal, qui s'occupe de la promotion des ouvrages d'Albin Michel auprès de la presse, se heurte ces temps-ci à ce genre de refus et ne s'en formalise plus ! Par chance de nombreux critiques lisent mon bouquin avant de le rejeter et je les remercie de me considérer en tant qu'auteur, non en cousine rapportée.

Mais cette dernière condamnation s'ajoutant aux rebuffades du week-end est la goutte d'eau qui fait déborder le verre. Et si je m'expliquais ?

Jane trouve l'idée excellente. J'appelle ma directrice littéraire, Sylvie Genevoix. Elle m'encourage vivement : « Fonce », dit-elle. Je l'écoute toujours. Ma décision est prise.

Concernant mon oncle, François Mitterrand, je ne m'engagerai pas sur la voie de la délation, tant et tant de choses ont été dites sur son compte ! La vérité disparaît sous la masse d'informations, des ragots supplémentaires n'avanceraient à rien. Par ce récit, je veux juste éclaircir le malentendu, en faisant honnêtement la part des avantages et des inconvénients que j'ai tirés de ma situation. Je ne peux parler qu'en mon propre nom, j'ignore les points de vue des membres de ma belle-famille et ne prétends les amener à penser comme moi. Chaque cas est différent, ma filiation ne peut se comparer à celle d'un « vrai » Mitterrand qui adhère par naissance aux idées de son milieu. En 78, une ribambelle de fiancées « la rose au poing » hantaient les salons parisiens, pour être branché on se devait d'être de gauche, pétroleuse intellectuelle ou journaliste dans le sérail ; si mon époux Olivier, fils de Robert, neveu de Tonton, le « Grand Homme », s'était entiché d'une charmante militante socialiste à l'image de sa mère (pièce rapportée elle aussi mais combien enflammée), son épouse aurait été fière d'afficher sa classe politique en prononçant son nom ! Manque de chance, Olivier s'éprit d'une authentique bourgeoise pas rebelle du tout et mon adaptation s'effectua dans la douleur.

Il faut revenir en arrière, se remettre dans le contexte de 1965. Je n'avais pas l'âge de faire de la politique, mais le nom de Mitterrand tomba dans mon univers familial tel un malheur annoncé. La France commençait à panser les blessures de la guerre tandis qu'en voilà « un » qui venait défier, avec ses idées subversives, notre maître spirituel, de Gaulle. Nous étions des gaullistes convaincus. Un crime inqualifiable qu'on ne lui pardonnerait évidemment pas, serait-ce en raison d'un mariage ! À l'époque, aucune sorte d'alliance n'était envisagée, fût-elle sentimentale. L'adversaire numéro un de de Gaulle ou l'un de ses collatéraux ne pourrait jamais devenir un proche !

Des années plus tard, quand j'annonçai à mon père, en prenant énormément de précautions, que j'envisageais mon avenir avec Olivier Mitterrand, si je n'avais pas été très amoureuse, donc enfermée dans l'égoïsme de cet état, sa réaction m'aurait sans doute atteinte et arrêtée dans mon projet.

– Vous ne pouvez pas me faire ça, petite, ni à moi ni à mon grand-père.

Pas une minute je n'avais pensé à la réaction de cet aïeul décédé au début du siècle, mais pour papa, c'était important. Que sa propre fille, si chérie, puisse l'offenser par une union humiliante lui retournait le cœur. Pour la première fois de ma vie, sans vraiment réaliser à quel point je lui faisais de la peine, et j'aimais par-dessus tout lui faire plaisir, je le mécontentais.

Il a évité d'utiliser la stupide autorité parentale pour me dissuader, nous ne nous disputions jamais, pas davantage à l'occasion de cette intention encore abstraite puisque j'étais mariée.

Ma famille étant donc gaulliste, ayant grandi dans l'admiration de de Gaulle, on peut comprendre que pendant les premiers temps de mon mariage, j'avais du mal à prononcer le nom que je tenais de celui qui le pourfendait. Je bafouillais, rougissais, infiniment coupable, et m'arrangeais pour employer le plus souvent possible mon nom de jeune fille, Hubin, essayant par de multiples subterfuges de passer inaperçue. Dans la salle d'attente du pédiatre ou du dentiste, je demandais à l'assistante de nommer, quand viendrait notre tour, le prénom plutôt que le patronyme de l'enfant ; j'évitais de me faire connaître des commerçants, je fuyais les gens qui me présentaient d'une voix forte, le garagiste qui faisait sa pub en me hélant devant les autres clients du fond de son garage ; à ma honte, tous se retournaient !

En dépit des manœuvres savantes pour garder l'anonymat, jamais personne ne m'a serré la main pour la première fois sans me demander des explications. On me sourit ou on me repousse en fonction de l'attachement ou de l'aversion éprouvés pour Mitterrand. Mon absence d'enthousiasme dérangeait ses partisans, ses détracteurs me tenaient pour responsable. On ne m'aimait pas, on m'en voulait, il n'y avait rien à faire, solidaire ou non, bien que je sois restée une étrangère dans cette famille, je lui appartenais.

Est-ce ridicule ou égocentrique de se justifier, en tout cas j'en ai assez d'être aimée ou honnie en fonction d'un d'autre, fût-il président de la République. Peut-être suis-je imbue de ma personne, je sais aussi courir le risque qu'on se gausse :

– Encore une qui veut se faire du pognon… L'épouse, le chauffeur, le fils, la fille de François… Même « maman-chérie » jadis sa belle-sœur pendant quelques années, mère d'Olivier, Jean-Gabriel, Frédéric, a pris la plume. Et voilà la nièce qui s'y met… Pourquoi pas le chien ? Le labrador a d'ailleurs rendu sa copie, lui aussi !

Tant pis, je vais plaider ma cause en essayant d'en rire, souhaitant que par la suite on me juge pour moi-même. J'ai atteint le bout de l'impasse, je dois trouver une solution pour m'en sortir et marcher droit.

Il existe sûrement des cas comparables au mien, la « nièce rapportée » d'Einstein ou de Pétain a-t-elle comme moi voulu s'expliquer, être alliée au premier est un honneur, le second mérite un changement. Et le mien ? Vaut-il la peine d'être modifié, juste déformé ? On peut voter ! Pour ? Contre ? À l'Italienne, Mitterranno ! Métrano, à une lettre près comme le cirque Médrano… Dans le désordre… En verlan…

CHAPITRE 2

COUP DE FOUDRE

Le cœur a ses raisons que l'intelligence n'ouvre pas.

MARCEL JOUHANDEAU

Il y a bien des années, j'ai aimé le neveu d'un monsieur qu'on ignorait promis au destin de chef d'État.

Que les amis se rassurent, que les ennemis rongent leur frein rétrospectivement, ni lui ni moi n'étions intéressés socialement ou financièrement, nous nous plaisions, c'est tout. Avant les élections de 1981, quand je suis tombée amoureuse d'Olivier Mitterrand, personne ne lui déroulait le tapis rouge sous les pieds comme ce fut le cas après le succès de son oncle. Il était seul, pas d'épouse à ménager, deux enfants à charge, une carrière à construire. Un homme classique, issu d'une famille de petite bourgeoisie catho et conventionnelle de laquelle s'étaient éloignés ses parents en divorçant et en se remariant. Ils essayaient d'appartenir à des milieux plus huppés que le leur. L'un de ses oncles, François, était à l'époque le chef du Parti socialiste. Rien que de très banal.

Je me passai de l'avis de mon entourage, je ne demandai pas son curriculum à mon amoureux, je pris mes gosses sous le bras, âgés de vingt-quatre et huit mois, et je quittai mon premier mari avec lequel trois ans de menaces m'avaient suffi pour comprendre que nous ne nous accorderions pas.

Il voulait de l'argent et je n'en avais pas, j'avais beau lui seriner que mon père était en pleine santé et qu'une héritière ne le devient que si elle est orpheline, il ne voulait rien savoir, il estimait avoir été floué, ça bardait chez nous quasiment tous les jours. *Where is the money ?* bramait-il en anglais, on se demande pourquoi car il était russe. Dans ces cas de divergence fondamentale, il paraît dans l'ordre des choses de succomber à celui qui vous parle d'amour, pas de finance, et mon amoureux ne m'entretenait que d'amour. Dans ce domaine, il avait une revanche à prendre. La mère de ses enfants l'avait planté sans autre forme de procès. Les blessures d'amour-propre se soignent au romantisme. Romantique il l'était ! Et moi, chavirée par sa détermination, dès qu'il s'éloignait, je ne pouvais plus respirer. Nous ne nous sommes plus quittés. Alors, j'ignorais que pour créer l'harmonie, il me faudrait supporter une belle-famille très encombrante, mais j'étais prête à tout pour être sa moitié. Sainte Vierge ! j'ai aimé cet homme, débordante d'amour, trop exclusive, entièrement, à la vie, à la mort. Rien n'aurait pu m'arrêter, j'ai tout misé sur lui sans réfléchir un quart de seconde, mes enfants, mon avenir, ma retraite, lui pour toujours. J'étais sûre que nous irions jusqu'au bout du chemin ensemble, je pensais qu'il avait compris comme moi que seul le couple sauve de la médiocrité, de la laideur. Ses parents divorcés, les miens qui s'engueulaient, nous avaient montré la voie où ne pas s'engager, nous deux, ce serait jusqu'au dernier soupir. Pour ma part, la durée l'a prouvé, il n'y en eut pas d'autre, ni avant ni après, pour lequel j'ai perdu la raison. Un m'a suffi, j'ai le cœur étroit, si j'admire les gens capables d'aimer plusieurs fois, je n'en suis pas.

Comme toute personne amoureuse, mes jugements manquaient d'objectivité. Olivier n'avait pas le physique d'un don Juan, à mes yeux, il était le plus beau, je voulais des enfants à son image... Il ne me suivait ni dans mes goûts, ni dans mes lectures, j'étais certaine que nous ferions tout à quatre mains... Il était pressé, expéditif, j'étais persuadée qu'il prendrait le temps de s'arrêter pour moi... Ses défauts étaient qualités, sa présence un cadeau du ciel, j'aurais sauté tous les obstacles pour qu'il soit fier de moi, sa maison serait impeccable, l'harmonie parfaite... Des tas de foutaises dans lesquelles s'égarent la plupart des filles sans expérience. Pourtant j'avais été mariée, il est vrai sans enthousiasme, mais je n'en avais pas tiré de leçons ! Ce que l'on peut s'emballer quand on est jeune, surtout quand il n'y aura qu'une première fois et qu'on le sait. Ce que j'ai pu l'aimer, le désirer, l'espérer... Si mon envoûtement absolu n'était pas de l'amour, ça y ressemblait. Mais quand on possède jeunesse et santé, on a tendance à confondre le ventre et la tête.

Une fois l'amour aveugle remplacé par l'amour fort, Olivier se révéla normal. Il totalisait plus de croix dans la colonne des plus que dans celle des moins, il ne buvait, ne tapait et ne fumait pas, il aimait femme et enfants, grand travailleur il m'en délégua l'éducation, honnête il eut la gentillesse de reconnaître mes mérites de mère, économe, il géra dépenses et gains avec soin. Autrement, il adorait les films pendant lesquels je bâillais, il collaborait le moins possible aux corvées de la maison, éternellement pressé, il voulait sa femme au pied à n'importe quelle heure et, comme ses copains, râlait en permanence pour son linge ou ses godasses. Je le prenais pour un Dieu, c'était un homme. Lors d'une querelle, je lui avais reproché la découverte de cet état somme toute ordinaire.

– Mais tu n'es qu'un homme !

– Ben oui, avait-il répondu.

J'avais été frappée par le syndrome du prince charmant.

Peu importe, mes illusions datent, elles appartiennent au passé.

Olivier était alors le patron d'une PME immobilière, polytechnicien, fils de Robert Mitterrand, polytechnicien également, frère de Frédéric, celui de la télé, et de Jean-Gabriel, spécialiste en art moderne.

Sitôt informé de l'avenir probable de ma liaison, les plus avertis « politiquement » de mes proches, me mirent en garde ; on me jurait sur l'honneur et de source sûre des vérités complètement fausses. Mon fiancé tenait son logement du Parti socialiste, sa Renault et son argent de poche également, la fréquentation d'un dangereux apparatchik pouvait m'attirer bien des ennuis.

Olivier travaillait comme un âne. Je me suis demandé pourquoi il bossait autant sans en avoir besoin, puisqu'il était logé, nourri à l'œil. N'ayant pas trouvé d'explications plausibles, malgré une enquête appliquée prouvant qu'il ne recevait aucune allocation publique, infiniment soulagée, je suis passée outre les noirs avertissements.

J'ai tiré de ces médisances sans fondement une méfiance dont j'étais auparavant dépourvue. Les gens disent n'importe quoi, non par méchanceté mais pour se faire mousser, dès qu'un individu est propulsé involontairement de l'insignifiance à la notoriété, soit-elle relative ; on rivalise d'informations surprenantes entre « Messieurs/Dames je sais tout ». Pour avoir l'air informé, la vague connaissance croisée par ci par là devient votre meilleur ami et la sincérité de cette amitié, subitement de longue date, permet de le livrer à la curiosité ainsi qu'il le faut pour se rendre intéressant. Tant pis si parfois on se plante, au risque d'acquérir une réputation de jaloux, tant pis si le mensonge se retourne contre le menteur, on invente, on répète, on amplifie, le type est mis à nu, dépouillé de sa personnalité ; la majorité des affirmations sont fausses, mais on en sait long, on le jure sous serment, sur l'honneur. L'informateur peut également extrapoler quelques repères auprès de son gosse de six ans dans la même école que le rejeton du monsieur présentement visé. Pendant la récréation de l'après-midi, précisément, il s'était réjoui auprès des copains :

– Mon papa, il a deux motos.

Immédiatement traduit : « Le neveu de Mitterrand est un pote d'enfance. Son oncle lui a payé une écurie de motos qui remplissent sept garages. »

Ce n'est pas méchant, c'est inexact.

Pour une épouse, si les pensées intimes de son mari demeurent dans le flou, plus obscures encore celles d'un Mitterrand viscéralement cachottier, ce doit être génétique car ils le sont tous, par contre la provenance des revenus conjugaux est limpide. La femme dépense le salaire du mari. Je tenais les cordons de la bourse et savais exactement sur combien je pouvais compter pour terminer le mois dans la quiétude. Lorsque nous nous sommes mariés, entre les siens et les miens, à nous deux, nous avions déjà quatre enfants à nourrir, par la suite deux de plus. Nous ne manquions de rien mais je faisais attention pour commencer le mois suivant sans dettes. Olivier démarrait dans l'immobilier, il gagnait honorablement sa vie, mais investissait un maximum dans ses affaires. Comme il avait renoncé à la fonction publique, il devait régler mensuellement le prix de ses études à l'État, dette couramment appelée « pantoufle », montant auquel s'ajoutait notre loyer, et nos impôts dont je signais conjointement la feuille ; ces dépenses obligées grevaient notre budget, mais il restait de quoi nourrir notre marmaille, d'autant que j'étais économe. Mon mari appréciait mon sens de la mesure, mais connaissant mes inépuisables désirs en matière de futilités que je n'osais m'offrir, il adorait me gâter. S'il avait reçu des subsides providentiels, il m'en aurait fait profiter en priorité.

J'affirme et signe que pas un rond ne nous est tombé du ciel, ni du PS, seulement du travail énorme que fournissait mon époux, son bureau étant une liaison terriblement envahissante que je m'efforçais de tolérer avec le sourire.

Pendant des années, Olivier m'a manqué au quotidien, j'ai toujours accepté que le bureau passe avant le désir que j'avais de profiter de moments avec lui. Il m'a fallu beaucoup de volonté pour m'adapter à ses horaires absolument extravagants auxquels s'ajoutaient de nombreuses contraintes familiales, mais j'étais heureuse quand j'entendais sa clé tourner dans la serrure. Je dévalais l'escalier. Enfin il était là ! Pendant dix-huit ans, il me suffisait de le voir arriver pour oublier de râler.

Il me fallait divorcer avant de me remarier, on se mit en ménage. Ce qui laissait du temps aux deux familles pour donner leur avis, que chacune donna énergiquement. Tandis qu'on me montait la tête contre la partie adverse, Olivier subissait pareille pression de son côté. J'ignore si les antipathies étaient politiques ou instinctives, en tout cas les hostilités se déclarèrent dans la fureur. Je l'avoue, nous provenions de deux mondes opposés.

Mon futur beau-père informa Olivier : avec mes deux enfants et les deux siens, ça ferait quatre ! Était-ce une idée, quatre enfants ! En effet il comptait juste. Où était le rapport ? Quant à ma délicieuse future belle-maman, « Maman chérie », elle prit le taureau par les cornes ! Elle écrivit à mon fiancé une lettre fort désagréable à mon endroit, qu'il me fit lire. Femme avertie, elle savait sûrement qu'on ne se cache rien sur l'oreiller. Espérait-elle que je décroche à la lecture de sa bafouille ? Il y avait de quoi me vexer ! Je ne veux pas remuer les cendres, mais les termes employés pour me qualifier étaient pour le moins désobligeants. J'avoue avoir été impressionnée. Je ne suis pas certaine d'avoir un caractère de « cochon », par contre, j'ai une mémoire d'éléphant doublée d'une rancune indélébile, et n'étant pas une bonne chrétienne, je ne sais pardonner. Ça promettait !

En fait, le motif pour empêcher le mariage de son fils n'était pas politique ! Elle cohabitait avec lui ! L'arrivée d'une bru dérangeait l'organisation, adieu logis commun, courage pour affronter déménagement, séparation, reconstruction sans la sollicitude de son grand garçon. Tiraillé entre la culpabilité dont le chargeait sa mère et le désir de refaire sa vie, il m'expliqua la gêne que posait mon entrée en scène, Maman chérie ayant atteint la cinquantaine, c'était à moi d'être intelligente en acceptant de partager un appartement ! L'âge de la belle-mère était sans rapport avec son à priori à mon égard. Je ne saisis pas en quoi je devais me faire marcher sur les pieds par intelligence, préférant encore être parfaitement idiote que de subir quotidiennement son énergie à me déstabiliser. J'eus recours à l'ultimatum. À prendre ou à laisser, je ne voulais ni palier ni quartier commun avec cette dame, j'exigeais d'Olivier qu'il traverse la Seine. Il céda, émigra vers le septième.

Ma détermination manqua de diplomatie. Oui, ma belle-mère avait perdu la première manche, sitôt séparées par le Trocadéro, s'établit une distance qu'elle et moi franchissions le plus rarement possible, mais elle gagna la seconde partie du match, car à toute heure Olivier délaissait notre domicile pour rejoindre celui de Maman chérie. Dès le matin avant le départ combien stressant des enfants à l'école, le téléphone sonnait. Pour des raisons diverses et confuses que le pauvre garçon n'avait pas le courage d'expliquer, la reine mère réclamait assistance, et il partait dare-dare. J'avais des remords, me sentais responsable de ces sempiternels allers-retours. Peut-être fallait-il ajouter une tasse sur le plateau du petit déjeuner afin d'éviter au fils d'avoir à couvrir si fréquemment le trajet qui le séparait de sa mère ? Avec le recul, je suis sûre que j'aurais dû, dès le début, me montrer une bru intraitable, couper le téléphone, imposer de la décence à l'ingérence maternelle, marquer mon territoire, limiter celui de Maman chérie. Mon mari, pour subir si vaillamment l'autorité maternelle, aurait supporté la mienne avec une lassitude semblable, mais nous aurions construit un foyer paisible. J'étais trop libérale, me reprochait la mienne de mère : « Tu ne devrais pas te laisser faire ! » Je préfère convaincre qu'imposer. Regrettable, car mon mari était habitué à la fermeté d'une femme et s'y pliait gentiment, ça ne l'aurait pas changé.

Nous accumulions les éléments qui mèneraient notre mariage à l'échec. La guerre des classes fut déclarée dès l'aube de notre union. Nos dissemblances étaient gigantesques, les principes de ma mère et de la sienne, antinomiques. Pour assombrir encore le tableau, nos milieux s'opposaient dans le fond et dans la forme, le mien dégringolait en chute libre, la bourgeoisie était à l'agonie, tandis que celui des Mitterrand s'envolait telle une flèche vers les sphères du pouvoir. Pour ces gens en plein essor, Olivier dérogeait en m'épousant.

De la persévérance à l'entêtement stérile, il n'y a qu'un pas. Avec le recul, il aurait été sensé de tuer dans l'œuf un amour si contesté, probablement chacun aurait-il été plus heureux dans le cercle auquel il était habitué. Ceux qui disent qu'on épouse un être, pas sa famille, sont des crétins en mal de conjoints. La belle-mère statufiée longtemps avant votre intrusion demeure la « femme de sa vie » de votre homme. C'est une constatation banale. Dans bien des cas le père ou la mère reste une image sacrée pour l'enfant. Mon père était l'« homme de ma vie », aucun ne l'a remplacé, bien qu'il ne soit plus là, mon amour pour lui guide encore mes actes. Olivier en a-t-il été froissé ? Il ne s'en est jamais plaint, sans doute parce qu'il savait de quoi il retournait.

Je manquais d'expérience, j'étais très amoureuse, confiante. Lorsque je réfléchissais, ce qui en état d'ensorcellement amoureux ne mène nulle part, je niais les tracas d'intendance et ne voyais pas pourquoi il fallait que je lutte à tout prix contre mes sentiments au nom de notre différence sociale. Le fiancé était formidable, me plaisait infiniment et j'espérais que son oncle François Mitterrand ne deviendrait pas le président de ma République.

Et puis, je sortais d'en prendre. En dehors de mes petits, mon premier mariage était un échec total. Ayant épousé un homme qui par son âge aurait pu remplir auprès de moi un rôle paternel, j'avais espéré qu'il allait me choyer comme l'aurait fait un père. Le mariage était, à mon sens, « la fin des emballements adolescents, un refuge sous l'autorité d'un senior déjà éprouvé par les épreuves, divorcé, veuf et père » : mon premier mari « m'avait comprise » ! Ce fut, avec des larmes plein les yeux, le sens général du baratin qu'il me servit pour me convaincre de sa sérénité en toutes circonstances.

Un ténor du barreau, sorti 3e de la conférence du stage. Il avait du bagout. Il faut se méfier du beau parleur, quand il n'a pas de public pour le féliciter, il perd la raison ; dehors, les commentaires admiratifs que soulèvent ses discours le grisent, à la maison ses jeux de mots ne font même plus sourire, il en était furibard !

Depuis le jour où il me passa la bague au doigt jusqu'à l'heure de mon départ de son domicile, dès qu'il m'apercevait, il ne décolérait plus ! Jamais entendu un type gueuler si souvent et si fort ! Ses imprécations se dirigeaient indifféremment contre moi et contre la terre entière, un violent authentique ! Très impatient aussi, pour ouvrir le tiroir d'un bureau ancien dont il avait perdu la clé, il éventrait le meuble au marteau, à la moindre contrariété il balançait des projectiles à travers les pièces. Je me méfiais surtout lorsque venait l'heure des repas : quand il avait faim, il était capable du pire.

Pendant que j'accouchais de ma fille, le gynécologue le fit sortir de la salle de travail, j'ai oublié pourquoi il était fâché, mais Sainte Vierge ce devait être grave, il braillait comme un veau, ses hurlements couvraient les « poussez-soufflez » de la sage-femme, elle et moi avions du mal à suivre le rythme des contractions. Je crois qu'il avait des soucis de placements boursiers. À mon avis, il n'était pas doué pour la gestion de ce genre de produits. Je n'avais pas osé lui en faire la remarque, il aurait eu une attaque, ce qui au demeurant l'aurait calmé et n'aurait pas été plus mal.

Le père de mes enfants se fichait complètement de marmots à peine entrevus ; il paraît que le parent « non gardien » a du mal à s'y attacher. Il m'envoya ses avocats et disparut. Vingt-cinq ans plus tard, au mariage de mon fils, je ne l'ai pas reconnu, il avait beaucoup grossi et semblait fatigué, je n'avais plus peur de lui, ni de ses beuglements. Entre mon ex et moi il y avait en outre vingt ans de procès, de multiples enquêtes demandées par des tribunaux, des montagnes de papiers bleus, une théorie de rancunes en suspens, puis, à force de bagarres, la haine, évidemment ! Mais je m'en fiche, j'aime, j'adore le garçon et la fille que m'ont donnés trois ans de cohabitation avec un inconnu.

Durant le peu de temps que dura ce mariage, les comparaisons en faveur de mon père s'imposaient, exacerbant mon amour et me rapprochant de lui. Rêveur et tranquille, il m'invitait à prendre longuement le thé dans des salons de thé, à la Marquise de Sévigné, chez Smith. Le nez dans la porcelaine de nos tasses, par intermittences, nous conversions de choses insignifiantes. Petite fille, mes poupées et moi vivions à ses pieds, je le citais dans la plupart de mes phrases, lui vouant une adoration inconditionnelle qui à l'adolescence énervait énormément mes soupirants.

Le nombre des années n'est pas une garantie, et mon ex-mari ne se révélant pas un compagnon assagi par les années, mais un vieil emmerdeur acariâtre, la débâcle fut rapide. La vie commune avec un irascible chronique m'avertit quant à la nature masculine, en adulte réfléchie, je réalisai encore davantage la qualité de Papa, le choisis comme modèle unique et renonçai à trouver sa réplique. Il est inutile de courir derrière l'amour de l'enfance, on ne le trouve jamais.

Mon frère se fichait de moi :

– Ma pauvre fille, à force de chercher Papa chez les hommes, tu finiras sur le carreau, il n'en existe pas d'autre comme lui !

Pour éviter une deuxième erreur, mieux valait jeter mon dévolu sur son contraire. Par l'âge et le caractère et surtout la rapidité avec laquelle il allait de l'avant, Olivier était aux antipodes de mon spécimen vénéré, lent et tranquille.

Quand je suis tombée amoureuse, aussitôt j'ai averti mon frère :

– T'as vu comme il ne lui ressemble pas ?

– C'est vrai, en a-t-il convenu, mais tu aurais pu faire moins tranché !

– T'es jamais content !

Je soupçonnais celui-ci de plaider pour sa paroisse, c'étaient les antinomies politiques fondamentales, lui, qu'il n'avalait pas ! Pour moi, il fit avec, mieux valait un mari gauchisant que de « la » voir en panne avec deux gosses, c'est un bon frère qui essaie de comprendre ses sœurs. Je l'endoctrinais, il se laissa convaincre par mon raisonnement un peu simplet : mon deuxième mariage serait une réussite ; puisque rien dans la personnalité d'Olivier ne pouvait se comparer à celle de mon père, le succès était gagné d'avance.

Toute ressemblance avec mon géniteur écartée, il y avait un autre argument m'incitant à convoler avec ce Mitterrand-là : j'avais la foi, je croyais en lui, son caractère, son ambition, son sens des responsabilités auguraient du mieux.

CHAPITRE 3

SUPER-DIPLÔMÉS COMME LES MITTERRAND

Le diplôme est l'ennemi mortel de la culture.
PAUL VALÉRY

Beaucoup dénigrent les diplômes, surtout ceux qui en sont bardés. À mes yeux c'est resté le prestige suprême, le but que je me fixais pour mes enfants. Chacun son snobisme, le mien n'est ni social ni mondain, je me fiche d'être reçue ou non par la jet-set ou par la bonne société, en revanche, si par hasard, dans un débat ou dans un dîner, j'ai pour voisin un agrégé ou un normalien, j'en suis toute retournée.

Le montant du salaire d'Olivier n'était pas ma priorité puisque c'était celle de mon père, mais j'étais absolument enchantée du brio avec lequel il avait mené ses études, École polytechnique, Harvard Business School et diverses licences en parallèle. Moi qui n'ai pas mon bac, je nourrissais pour mes petits des rêves d'analphabète, je voulais qu'ils « aillent loin » dans leurs études. Mon frère, ma sœur en avaient fait, tandis que pareille à la cigale, à dix-sept ans, je dansais. Tard le soir. En riant, en chantant, je courais les bals. Le rythme de mes nuits s'accordait mal avec celui qui aurait dû régler les jours d'une élève studieuse.

Mes copines dans le même cas s'en fichaient complètement. Certaines, en prenant de la bouteille, s'octroyaient du galon, elles s'inventaient des licences des maîtrises, parfois Sciences Po, l'examen d'entrée raté leur servant de garantie. La mémoire devenant floue avec l'âge, personne ne les aurait contrariées, le tour était joué, le passé effacé. Envolées les années de jeunesse écervelée, je fus sujette à des complexes lancinants dont j'annonçais la couleur comme une provocation, sans parvenir à conjurer une honte douloureuse. Mon parcours démuni de performances universitaires était une humiliation constante que je voulais éviter à mes mômes présents et à venir. Quand je rencontrai Olivier, mon aîné n'avait que deux ans et déjà je cogitais pour l'orienter au mieux.

En France, nous étions dirigés par des énarques. À l'époque je n'aurais pas osé avouer que ceux que je croisais ne me semblaient pas plus malins que les autres, souvent compassés, parfois imbus d'eux-mêmes, voire ennuyeux ! Encombrée par ma névrose, j'estimais ma circonspection due à mon manque d'instruction et leur vouais une admiration sans bornes. Il y avait de quoi ! À gauche comme à droite, hauts fonctionnaires et chefs d'entreprise étaient propulsés au diplôme, à moins d'être un génie, une hypothèse somme toute relativement rare, pas de salut pour un type ordinaire, serait-il intelligent et travailleur, si son curriculum manquait d'épaisseur. On a vu par la suite que ce n'était pas suffisant pour échapper au chômage, et que les manuels s'en sortaient mieux que les cadres ; plus compliqué d'être patron au noir que plombier. Avant que n'éclate la crise vécue par la France dans les années 1990, c'était différent : on ne soupçonnait pas que la gauche allait chambouler le rationnel, ni que le marasme bientôt nous tomberait dessus, n'épargnant personne, les « gradés » comme les autres. J'étais convaincue que mes gosses ne craindraient rien de l'avenir s'ils passaient par l'université, ou, mais je me permettais à peine de l'espérer tant cela me semblait inaccessible, par une grande école. Comment moi, en dépit de mes efforts tardifs pour parvenir à l'instruction, pouvais-je les guider ? Mea-culpa, vue sous cet angle, mon attirance pour Olivier était intéressée, j'ai tout de suite pensé qu'il m'aiderait à réaliser mes ambitions maternelles. J'aurais épousé un enseignant rien que pour avoir une armée de têtes de classe, je tombais on ne peut mieux, mon futur mari, excellent pédagogue, avait enseigné à HEC et j'ai été perspicace : il m'a toujours soutenue quand il s'agissait des études de nos enfants ! Si le père et la mère s'associent pour combattre la paresse naturelle de l'adolescent, ils finissent par la neutraliser.

Je subissais les inconvénients d'une éducation sans contrainte, puisque je n'aimais pas l'école, j'en fus dispensée pendant le primaire ; de onze à seize ans, capricieuse et nulle, j'écumai un grand nombre d'institutions privées dont, en attendant le mariage, je séchais les cours avec la bénédiction de mon père. Néanmoins j'ai profité des avantages d'une jeunesse dépourvue de fastidieuses leçons à apprendre, j'ai eu le temps de lire, me passionnant également pour *Autant en emporte le vent* et pour *Le Procès*, mais je suis dépourvue de culture générale. Comme chacun sait, on ramène tout à soi ; je n'accuse pas mes parents, mais s'ils m'avaient poussée un peu brutalement, j'aurais, comme les autres, remporté quelques trophées scolaires, et devenue adulte, je me serais sentie plus légère, délestée de mon vieux complexe lourd comme un boulet.

Mes lancinants regrets m'ont servi d'expérience, j'ai été intraitable avec mon fils aîné qui, à l'image de sa mère, préférait les boîtes de nuit aux boîtes à bac. Assourdi par les discours de mon mari, nos menaces, la narration romancée, pathétique, de mon propre parcours et les prédictions les plus noires concernant son avenir, il a fini par craquer et s'est mis au boulot, sur le tard d'accord, mais nous avons gagné, il s'en sort bien. Nous avons reçu son diplôme, sur un beau parchemin à l'américaine, Master of Laws de l'Université de Chicago, il est maintenant avocat au barreau de New York. En seconde, il était trente-deuxième sur trente-trois, le dernier étant absent ; n'est-ce pas la plus belle des victoires ? Merci au père qui l'a adopté, aimé, soutenu et dirigé jusqu'au bout de ses études, merci à son père Olivier Mitterrand.

L'intelligence est justement répartie, en générale moyenne pour tout le monde, il y a peu de familles où l'on ne compte que des crétins, et d'autre que des forts en thème.

Chez les Mitterrand, c'était différent, un miracle, ils étaient naturellement doués. C'est génétique, me suis-je réjouie, la transmission est envisageable, si le hasard fait bien les choses, mes futurs enfants pourront en bénéficier. Une occasion pareille ne se rate pas sous prétexte que la droite risquait de se faire battre par la gauche dont le meneur était François Mitterrand. Lui-même possédait une immense culture. Écrivain reconnu, il était avant tout un homme d'esprit. Mon futur mari, ses frères, ses cousins, tous étaient universitaires, plus encore, mieux encore, Olivier sortait de Polytechnique ! N'était-ce pas l'école la plus prestigieuse ? Plus tard, beaucoup plus tard, je fus très fière d'apprendre par les journaux que la petite cousine de mon mari était normalienne, la réussite de Mazarine ne m'étonne pas, les Mitterrand ont du génie. Oui, je le confesse, j'étais grisée, ces gens m'épataient, je prenais les diplômes de ma future famille comme un honneur personnel.

Olivier ne réalisait pas sa chance d'appartenir par le sang à une famille intellectuellement bénie des Dieux. Cependant lorsque notre fils Moïse est né, je n'étais pas la seule à espérer qu'il eût hérité des fameux gènes, car au-dessus du berceau je surpris mon époux à rêver tout haut :

– Un jour peut-être, nous serons trois Mitterrand vivants dans l'annuaire de Polytechnique.

Notre fils a choisi une voie différente, mais ses résultats dix-huit ans plus tard m'ont comblée de bonheur. Il m'attrape énormément quand je suis vantarde, alors je n'en dis pas plus.

Les succès de mes enfants sont pour moi une revanche.

Mon divorce s'étirait en procès divers et variés, Olivier et moi en attendions l'issue pour régulariser notre engagement quasi officiel. À cette époque, les conversations s'orientaient inévitablement vers les prochaines élections présidentielles, les chances de la gauche se précisaient, les opposants s'angoissaient.

Lors d'une soirée à laquelle mon « fiancé » m'accompagnait, nous étions plusieurs à discuter de l'action de Mitterrand. Une fois qu'il aurait conquis le pouvoir, nous pouvions nous attendre au pire ! La fille de la deuxième épouse du père d'Olivier participait au débat. J'ai sans doute fait une plaisanterie douteuse, du genre qu'il ne fallait pas se faire de souci, Mitterrand n'avait pas le couteau entre les dents, il appréciait le luxe, habitait une belle maison dans un bel endroit, un chauffeur conduisait sa grosse auto pour qu'il ne s'énerve pas dans les embouteillages, bref, vivant comme un bourgeois, il n'allait pas tous les bouffer. Je perçus la mauvaise humeur d'Olivier, il serra les dents. Par contre, sa demi-sœur assise en face de moi se dressa, exaspérée par mes « inventions » ! À l'entendre, je traînais François Mitterrand dans la boue, pauvre chéri qui habitait un modeste logement de 150 m^2 rue de Bièvre, et s'il avait un chauffeur, c'était pour être ponctuel à ses rendez-vous, car il ne possédait pas de montre. Je concède avoir été ironique :

– Ne sait-il pas lire l'heure, ou doit-on se cotiser pour lui en offrir une ?

La jeune personne se mit en colère. Ça m'allait de faire de l'esprit ! Quand on a la chance de s'approcher d'une famille prestigieuse, on contrôle ses propos ! D'ailleurs l'affaire n'était pas encore conclue, le fiancé pouvait encore se dérober !

Idée reçue depuis des siècles, la femme est la demandeuse, elle aspire au nid, au statut, l'homme étant une proie qui se fait avoir. La stupidité du précepte avait le don de me mettre en rogne, qu'il s'applique à moi souleva mon indignation. Me soupçonnait-elle d'être avide de m'établir, par le biais d'un mariage de me hisser socialement, Olivier étant la victime innocente de mon ambition ? Gommant tout ce qu'il pouvait y avoir de joli dans mon sentiment, elle me rabaissait au rang d'une intrigante au petit pied. Quelle gourde ! Je me penchai vers elle, rageuse, et je murmurai :

– Imbécile, me crois-tu donc attirée par le socialisme jusqu'à perdre mon âme ?

– Je n'admets pas qu'on se moque de mon oncle ! se défendit-elle.

– Comme plaisanteries, il risque d'en entendre de plus pointues !

En vraie *pasionaria* socialiste, elle tenta de me gifler, nous fûmes séparées. Un ami très proche m'entraîna, me conseillant en douce de rompre avant qu'il ne soit trop tard. À l'autre bout du salon, la demoiselle prodiguait semblable conseil à Olivier. Sur le coup, je l'avais mauvaise, j'étais prête à le troquer contre un autre pour justifier mon intégrité politique. Certainement, le fiancé se sentait mal embringué lui aussi.

Le piège n'était pas refermé, pourtant nous ne reculâmes point. Était-ce de l'amour ?

Chapitre 4

LA MÉSALLIANCE SE CONCRÉTISE : 15 PARTOUT

Parce que c'était lui, parce que c'était moi.

Michel de Montaigne

Quelques mois plus tard, mon divorce en poche, Olivier et moi décidâmes de régulariser notre situation. J'avais préparé le terrain, mais une demande officielle était un passage obligé ; le soupirant devait affronter la froideur de mon père. Pendant l'entretien, sous son fauteuil, nerveux, le fiancé avait enlevé ses mocassins, et il s'embrouillait dans les raisons qui l'amenaient à demander ma main. Papa l'observa de ses yeux verts, glacés comme les eaux de la mer du Nord, bougonna un assentiment si réservé qu'on ne savait pas vraiment à quoi s'en tenir, puis il le raccompagna, trop courtois pour être content. S'il avait fermement refusé cette union, je me serais inclinée ! Cependant ma mère, au courant de mes sentiments, détendit l'atmosphère en vantant les qualités du prétendant, un homme si bien qui prendrait soin de moi après un premier mariage catastrophique, un garçon d'une intelligence exceptionnelle. À bout de compliments, elle lança comme ultime argument :

– Ce jeune homme est une colonne.

Et papa du tac au tac :

– Une colonne aux pieds nus !

Il avait l'air si sombre pendant l'entretien ! En fait il se creusait la cervelle pour chercher le prétexte de dire non, et n'en trouvant pas de plus déterminant, il se rabattait sur ce qu'il pouvait. Mon père surmonta sa déception, sa fille serait donc une Mitterrand ; il m'embrassa :

– Vous êtes mon petit amour, faites ce que vous voulez.

J'étais une adulte, déjà mère de famille, mais je restais pour lui l'enfant très aimée, et mes désirs comme mes caprices, des volontés.

Notre mariage était une mésalliance pour les deux partis, à droite comme à gauche tout le monde était fâché. Olivier et moi avons eu à nier les réticences jusqu'à la veille de la cérémonie. Sous un prétexte fallacieux, l'épouse numéro deux de mon futur beau-père se décommanda le matin pour le dîner du soir, suivie de près par sa fille, celle avec qui je m'étais engueulée quelques mois auparavant. Elles utilisaient leurs dernières cartouches pour me refuser l'entrée d'un palais qui n'en était pourtant pas encore un, Mitterrand n'étant que le chef d'un parti. Papa sauta sur l'occasion, essayant jusqu'au bout d'enrayer le processus. Ces socialistes manquaient de savoir-vivre, comment pourrions-nous nous entendre avec des gens sans éducation ? Il insista, me tanna pour que je renonce *in extremis* à m'introduire chez l'ennemi.

– Il est encore temps de vous marier « de sa sorte, à sa porte », inutile de précipiter les choses, annulons ce mariage, je vous emmène oublier tout ça, nous irons en Italie, allez petite, écoutez-moi…

Si j'avais trouvé Olivier « dans ma rue », j'aurais été heureuse pour Papa, mais je ne pouvais plus envisager l'avenir sans cet homme, pour moi si lente à m'emballer c'était un miracle qui ne se répéterait pas.

– Mais Papa, je vais le regretter toute ma vie !

– Voyons petite, un mari ou un autre, quelle différence ?

– Mais Papa ! Il se peut que je l'aime.

– Ah ! Comme les femmes sont embêtantes avec l'amour !

Sa légèreté naturelle reprit le dessus, pragmatique, il ajouta qu'un mariage non consacré par l'Église n'en étant pas un, une séparation ultérieure ne serait pas un drame. Il avait fait la même réflexion lors de mes précédentes noces, laïques aussi. Il attendait tranquillement que je tire le bon numéro afin de me conduire jusqu'à l'autel dans une belle robe blanche. Mieux valait quelques descendants illégitimes qu'un divorce qui bloque définitivement l'avenir puisqu'il est interdit par notre sainte mère l'Église de se remarier !

Drame irréversible, car à ses yeux une femme sans homme tombait à coup sûr dans la catégorie de celles dites de « mauvaise vie ». Il jonglait avec les paradoxes si adroitement qu'il était impossible de comprendre les méandres de sa religion, qu'il pratiquait d'une manière très personnelle. Il se dispensait de messe, refusait mordicus confession, écoles religieuses, curés, carême et autres dévotions, mais un divorce chez lui, jamais !

En écrivant ces lignes, je me souviens d'un incident diplomatique qui survint une demi-douzaine d'années plus tard.

Bien qu'Olivier et moi formions un couple tout à fait légitime, avec quatre enfants à charge et deux communs de six et deux ans, Papa n'avait pas changé d'avis : puisqu'il n'y avait point eu de bénédiction religieuse, j'étais toujours célibataire.

À l'occasion d'une commémoration, il recevait sa famille dont une branche frôlait l'intégrisme. Qu'elle soit catholique ou musulmane, la religion exercée avec fanatisme engendre la haine. Un déjeuner chez mes parents suivait la messe de retrouvailles à laquelle je n'avais pas participé. L'atmosphère était conviviale, sous la houlette d'un curé, la bienveillante communauté venait de « pardonner les offenses » et les convives s'apprêtaient à passer à table « dans la paix du Christ ». On se reconnaissait, on s'exclamait, on se félicitait respectivement sans savoir de quoi ! Soudain, remue-ménage, alors que je tendais un verre à un cousin, il sursauta et voulut quitter les lieux de toute urgence. Trop ému pour fournir des explications à son comportement, en bredouillant des onomatopées, il chercha la sortie vers laquelle il ne pouvait se diriger facilement, car il masquait ses yeux d'une main fébrile, comme s'il jouait à colin-maillard. Il s'engouffra dans le couloir qui menait à la cuisine, sa femme lui collant au train en lui serinant de « ne pas s'en faire ». Le maître de maison alerté, Papa tenta de ramener à la raison ce malheureux qu'on avait assis sur un tabouret. Je me tenais juste derrière mon père, inquiète qu'un geste maladroit de ce détraqué ne l'atteigne, un direct, un coup de boule ! Avec un agité on peut s'attendre au pire ! La dame qui faisait la cuisine lui tendit une tranche de saucisson. C'était d'être à jeun qui le rendait malade...

– Il aurait dû manger un petit quelque chose avant de communier...

– C'est défendu...

– Mais non, c'est permis...

– Le Pape l'a prévu, mais est-ce officiel ?

Chacun y allait de son commentaire. On lui fila un coup de rouge, ça ne pouvait lui faire du mal, à la messe on a bien le droit ! En tous les cas, ça lui redonna des forces, il parvint à balbutier qu'il ne resterait pas sous le même toit qu'une divorcée.

Mon père se retourna, interloqué.

– Mais où voit-il une divorcée ici ?

Je chuchotai à l'oreille de Papa que ce devait être moi, « la divorcée », puisqu'il n'y en avait pas d'autre. Il eut cette phrase surprenante :

– Mais ! C'est ma fille ! N'ayant pas été mariée, comment peut-elle être divorcée ?

C'est dire combien il était détendu. « Prenez du plaisir, répétait-il à ses enfants, sans plaisir vous êtes foutus. » Il s'arrangeait avec les commandements du bon Dieu en les tournant à la rigolade. Il n'a jamais fait de mal à personne et on riait beaucoup.

Ma mère remettait les pendules à l'heure en nous inculquant la rigueur protestante, « ton oui est un oui, ton non est un non », chacun est responsable de ses choix, une faute se porte comme une croix, ne se pardonne pas ! Et c'est un impératif, on offre sa souffrance au Seigneur ! Ma pauvre maman s'inventait une ribambelle d'offrandes, peu à peu elle s'interdit tout ce qui lui était agréable, un verre de vin pendant le repas, une cigarette après le déjeuner, une paire de bas quand il fait froid. Son quotidien s'étirait dans un sacrifice permanent. Elle accompagnait jusqu'à l'ultime soupir une succession de gens en instance de décéder. Quand elle rentrait de ses tournées, elle racontait les agonies de ses protégés. Bref, elle se donnait un mal de chien pour en baver comme il faut, mais quand il lui arrivait d'oublier sa formidable capacité de se charger de la souffrance de ses prochains, elle était marrante, sympathique.

Dans notre chambre, sur le mur de gauche, dans un cadre doré, on pouvait lire, écrit gros, trois lignes d'un poème d'Alfred de Vigny : « Fais énergiquement ta longue et lourde tâche, dans la voie où le sort a voulu t'appeler, puis après comme moi souffre et meurs sans parler. » Sur le mur de droite, pareillement encadré, *Tu seras un homme mon fils* de Kipling. Des paroles fortes, certes, mais quel programme sévère, ce chemin sans défaillance que maman nous encourageait à suivre ! Serais-je à la hauteur ? m'inquiétais-je dans le noir. En s'endormant comme en se réveillant, on n'y coupait pas, à nous de tirer notre charrette dans « la vallée de larmes », sans rechigner.

Une éthique qui plus tard surprit nos pièces rapportées. L'épouse de mon frère, aujourd'hui, après vingt-cinq ans de mariage ne s'en est toujours pas remise, le coup de l'humanité se débattant dans « la vallée de larmes » lui reste en travers de la gorge ; quand tout roule à peu près convenablement, est-ce une bonne idée que d'évoquer cette image désolante ?

Adolescente, j'avais honte de ressentir de la joie quand on me sifflait dans la rue. Comme Maman nous l'enseignait, j'aurais bien voulu porter la misère du monde avec plus de conviction, certes il était plus élégant d'avoir l'air tragique que de séduire les garçons. Face à mon miroir, je m'exerçais à la tristesse dans les expressions, sourire las, regard navré… En vain ! Mon naturel reprenait le dessus, j'oubliais rapidement mes tentatives pour rivaliser avec mes copines, ravie de m'amuser à la patinoire avec des amoureux qui me trouvaient drôlement délurée.

Par la suite, je remarquai autour de moi des gens qui n'avaient pas besoin de se forcer pour trouver des raisons de pleurer et je renonçai définitivement à la sainteté, le temps des malheurs serait là pour moi bien assez vite.

Néanmoins, si j'ai hérité de la légèreté de Papa, je suis marquée par la morale calviniste de Maman. Je respecte mes rendez-vous comme mes engagements. Avec une rage de dents carabinée, je ne me résous pas à décommander un déjeuner. Je minimise les risques d'être parjure en contrôlant le nombre de mes promesses à tenir, j'en fais le moins possible et n'aurais jamais accepté de prêter serment devant un curé, serait-ce pour me marier.

Le problème ne se posa pas, le premier époux, tout juif qu'il était, traumatisé par l'Holocauste, avait convolé catholique lors de l'un de ses multiples mariages, et le second, tout agnostique qu'il était, face à l'autel avait promis fidélité à une première épouse.

Heureusement pour moi, on ne se « re »-marie pas religieusement chez les catholiques, car dans ce domaine les Mitterrand se conformaient aux coutumes bourgeoises et m'auraient imposé une bénédiction nuptiale que j'aurais été obligée de refuser.

Le respect de la religion ne collait pas avec la doctrine du futur président, mais, on y restait attaché. Mon beau-père, Robert, le frère de François, le raconte dans son livre *Frère de quelqu'un*. Ses parents pratiquaient leur religion comme les fidèles de Saint-Nicolas-du-Chardonnay l'exercent encore aujourd'hui : « On récitait le benedicite au début des repas », « Chaque acte de la vie, y compris les écarts et les fautes, était placé sous le regard de Dieu »... Les enfants n'étaient pas scolarisés à la communale mais dans une école privée fondée par un comité paroissial de familles catholiques... Joseph, le père de François, était un « animateur fidèle de la société de Saint-Vincent-de-Paul, ancien brancardier à Lourdes » et la mère allait à la messe tous les matins. Quand on a été élevé avec des principes, on a du mal à s'en débarrasser !

À la génération suivante, mon mari et ses frères avaient été scouts comme tous les fils de familles bien-pensantes, et sans doute leurs cousins Gilbert et Jean-Christophe l'auraient-ils été aussi, si ce genre d'embrigadement n'avait été par trop visible, antinomique avec l'avenir de leur papa, les socialos dont il se voulait le rassembleur n'étant pas vraiment copains avec les soutanes. Compte tenu de l'amour que François portait à ses parents, la foi dans laquelle avait baigné son enfance était vraisemblablement restée ancrée en lui. Si son ambition politique l'obligeait à la désavouer, elle revenait aux moments cruciaux de son existence. Lors de la décision qu'il eut à prendre, à la veille de sa mort, concernant la nature de ses obsèques, il avait certainement été soulagé que le désir de ses sœurs lui fournisse le prétexte de les consentir à caractère religieux. « Va pour une messe ! » ne put-il s'interdire de murmurer.

Comme la plupart des Français moyens, les Mitterrand consacrent sous un clocher les étapes essentielles de la vie, naissance, mariage et décès, et pour le reste on s'adapte aux circonstances.

Olivier et moi sommes des mécréants, nous n'avons même pas fait une prière sur le perron de la mairie du septième où mon frère, l'un des conseillers d'arrondissement, nous maria.

Son discours ne fut pas politique, seulement inquiet de me voir, bien jeune, propulsée mère de famille nombreuse, puisque aux deux miens s'ajoutaient les deux de mon mari ; quatre enfants à la maison c'était beaucoup, il prévint l'assistance qu'il était là pour me protéger. Mon frère a de l'amour pour sa sœur depuis qu'elle lui avait été confiée à sa naissance ; foncièrement misogyne, mon père l'avait certainement mis en garde, une fille étant une faible chose condamnée à le rester jusqu'à la fin de ses jours, la responsabilité d'un frère ne devrait jamais se démentir.

Le repas de noce fut aigre-doux, Maman mécontente d'avoir à refaire les plans de table à la dernière minute déplorait que « ces gens » manquent à ce point d'éducation. Des propos antibourgeois furent entendus, peut-être furent-ils seulement imaginés tant les tensions sous-jacentes étaient vives.

François Mitterrand apaisa l'atmosphère. Très courtois, il félicita mon frère « en collègue » pour sa prestation à la mairie, ils discutèrent un instant des tendances politiques du quartier, puis il se présenta à tous les convives, sans oublier le personnel, avec un mot gentil pour chacun d'eux. Ma nounou, qui était gaulliste comme nous, n'en était pas moins fière d'être native du fief de mon nouvel oncle, la Nièvre. Nullement impressionnée, elle l'en informa, ce dont il la complimenta, et à son tour elle le félicita de son alliance avec la famille Hubin. « Des gens tout ce qu'il y a de correct », le rassura-t-elle. Mitterrand hocha respectueusement la tête. Bref, ils n'auraient pas fini tous les deux de se congratuler si je n'avais pas mis le holà : ma nounou ayant la langue bien pendue, le chef du Parti socialiste en avait pour un moment.

CHAPITRE 5

QUAND ON NE SAIT PAS, ON NE DIT PAS !

On ne badine pas avec l'amour.
MUSSET

Un conseil de Suisse. Que pourrais-je savoir de la vie amoureuse d'un oncle aussi conventionnel que l'était François Mitterrand ? Certes, comme il ne peut plus me contredire, il serait croustillant d'inventer des confidences épicées, mais il ne m'en a pas faites. Je pourrais aussi répéter des cancans glanés auprès des informés, mais sincèrement je préfère leur laisser la responsabilité de révélations trop souvent sans fondement.

J'étais prévenue par la rumeur publique contre le tempérament d'« homme à femmes » de Mitterrand, un coureur de jupons invétéré, qui avait la réputation de sauter sur tout ce qui bougeait ; une bête de sexe.

Beaucoup ont de l'admiration pour le play-boy sans foi ni loi, les femmes en attendent les hommages, les mâles le respectent ; pour moi, surtout s'il est sur le retour, il me fait rire mais ne me séduit pas, je préfère le genre sérieux et Mitterrand ne me déçut pas. Il était bien élevé. On disait le politicien uni à sa femme par raison d'État. Il paraissait que Danièle menait sa vie de son côté, ils vivaient dans le même immeuble mais chacun à son étage. Depuis 68, un grand nombre de couples était favorable à l'union libre.

Lorsque je fus présentée à François Mitterrand, avec la fougue de la jeunesse, je le prévins aussitôt, comme d'une affaire d'État, que je ne voterais jamais à gauche. Absolument charmant, rôdé à contourner sans heurt l'électeur récalcitrant, avec un sourire de commande, il me félicita de me tenir à mes convictions, puis nous bavardâmes du travail d'Olivier, de mon rôle d'épouse, un peu de politique et des enfants, pas du tout de sa torride sexualité.

S'il n'avançait pas dans l'existence précédé d'une multitude de ragots concernant ses talents de séducteur, ce monsieur aimable m'aurait plutôt semblé timide, limite effarouché. Un homme galant.

Cela m'a été confirmé alors qu'il faisait la cour à une amie. Comme il l'appelait, elle me tendit l'écouteur. La voix, le ton, les paroles du soupirant étaient affectés, voire BCBG, pas du tout le style tombeur de minettes ; un brave type au baratin un peu pontifiant teinté d'intellectualisme qui essayait de se rassurer en séduisant les dames. Les gens ne changent pas. Enfant, François était réservé, silencieux, « souffreteux » le décrit Pierre Bergé. Il n'allait pas se transformer en excité qui emballe la première venue. Cependant, il est vrai qu'un homme dans sa situation, qu'il soit petit, moche et bancal, peut avoir la plupart des femmes à ses pieds. Il était physiquement acceptable, habillé sur mesure par des spécialistes de l'élégance. Il ne manquait certainement pas de bergères comme de comtesses pour lui sauter dessus, d'après ce que j'ai vu et entendu, rares sont celles qui ont eu des scrupules, mais j'aurais mis ma main au feu que cet homme aimait être encouragé pour attaquer, n'en déplaise aux dames qui jurent le contraire.

À l'époque nous étions jeunes, entre filles nous parlions beaucoup des hommes, elles me posaient mille questions idiotes :

– Est-il beau gars ? T'a-t-il regardée ?

Étais-je ensorcelée, magnétisée ? Pourquoi ce personnage suscitait de telles questions reste pour moi un mystère ! Il ne trompait pourtant pas son monde avec son air sévère, et ses aspirations spirituelles. Soyons honnête. Il avait le charme de l'intelligence, pas celui du prof de gym !

Il faut dire aussi que j'avais de tels à priori qu'il ne pouvait en aucun cas me fasciner. D'abord, il était l'ennemi numéro un, le vautour antigaulliste qui en voulait à ceux de ma race, celui qui fourbissait les armes pour nous abattre ! Alors, bavardages anodins d'oncle à nièce, d'accord, mais je n'étais et ne serais pas son amie. Ensuite j'étais amoureuse du neveu, et n'ayant pas la chance d'éprouver des sentiments tièdes, je ne regardais plus les hommes, ne les voyais pas ! Enfin ce type me semblait fatigué physiquement, et désabusé moralement. C'est triste ! Je préfère les bons vivants, chaleureux et bavards qui mettent à l'aise. Mitterrand écoutait avec patience et bonne volonté les âneries qu'on débite avec les hauts personnages, mais on sentait comme une résolution derrière l'attention, une manière contraignante de se mettre au niveau pour se faire bien voir. Abrégeons, avais-je envie de lui dire. Moi je me casse les méninges pour vous captiver et vous vous appliquez si gentiment à manifester de la curiosité, je ne serais jamais une électrice, autant nous épargner ces efforts mutuels ! À cette époque, il ne s'était pas fait limer les canines et gardait les lèvres pincées, le sourire si parcimonieux qu'on s'inquiétait de l'avoir involontairement contrarié, on l'aurait cru tracassé par quelque mystérieux souci interne, comme si venant de bouffer de la salade, il craignait qu'il n'en reste des parcelles entre ses dents.

Et puis, il avait mauvaise mine, le teint pâle, quasi blafard, les traits tirés, la peau comme repassée, il paraît qu'il ne surveillait pas sa forme, ne dormait pas suffisamment, tirait sur la corde ; pourtant il n'avait rien d'un jouisseur, buvait de l'eau minérale, ne fumait pas, s'oxygénait dès qu'il le pouvait. Bien qu'il eût l'air défraîchi, il n'était pas si vieux que ça, à peine la soixantaine, l'âge que frôlent aujourd'hui mes soupirants d'antan. Néanmoins, pour moi, il avait l'allure du monsieur auquel on cède sa place dans le bus. La jeunesse est féroce. Tant pis, chacun son tour d'en être la cible.

Certainement, François Mitterrand aimait la complicité de l'échange intellectuel. Avec qui pouvait-il avoir une conversation qui le distraie des affaires de l'État, sinon avec une femme ? Les hommes parlent bourse, OPA, conjoncture internationale, marchés à l'exportation... Naturellement, le président de la République se donnait la peine de s'intéresser à ces sujets masculins, évidemment il lisait les rapports, recevait les spécialistes de l'économie, de l'industrie, de la finance. Mais une fois ces questions importantes, souvent pénibles, traitées au bureau, quel plaisir de converser avec une jolie personne qui fait de charmants compliments, de là à lui sauter dessus comme un mal élevé, personnellement je n'y crois pas, ce n'était pas son genre.

Jusqu'à la fin de sa vie, il a cultivé des rapports de tendresse avec les femmes. On imagine aisément, compte tenu de la terrible maladie qui le rongeait, que ses sentiments n'étaient pas axés sur la sexualité, mais pourquoi se serait-il défendu d'entendre la voix douce d'une amie lui répondre sur la ligne directe dont elle avait autorisé l'installation entre son domicile et le palais de l'Élysée ? Il avait peur d'un avenir qui n'en était plus un, peur de l'inconnu, enfin bref, comme tout le monde il avait peur de la mort. Les épouses pleurent, les enfants sont trop éloignés de l'échéance irréversible pour comprendre, les médecins haussent les épaules, impuissants.

Une femme habituée à séduire dit les choses que l'homme veut entendre ! En chacune d'elles se cache le dévouement de l'infirmière. Elle console, explique, maquille la vérité, promet une visite, accourt. À l'entrée de l'Élysée, les fonctionnaires en faction la connaissent. Vite elle est dirigée vers les appartements du grand homme, elle lui fait du bien, on se dépêche, le seigneur l'attend. Elle est jolie, jeune, câline. Elle s'assoit, se rapproche, ébauche une caresse et parle de la vie, des lendemains, de projets qui ne se feront pas, elle garde sa main dans la sienne. Le bonheur est revenu.

Oui, quasiment toutes les femmes sont flattées d'être appelées auprès d'un homme important fût-il malade. François Mitterrand a profité jusqu'au bout des moments qui lui étaient offerts, et il avait bien raison ; en effet tout homme ordinaire de son âge n'a pas sa chance, mais aucun ne l'aurait refusée, sans être pour autant accusé de libertinage.

Je suis contente pour mes enfants que leur oncle Président laisse de lui une image plus reluisante que celle de vieux dragueur impénitent.

Chapitre 6
BÉCASSINE EN FAMILLE

Le monde n'est que variété et dissemblance.
Michel de Montaigne

À partir du moment où je portais le nom de mon époux, certaines personnes ne m'ont plus saluée, dames de catéchisme, épouses de militaire, une ou deux d'extrême droite. Je ne leur en ai pas voulu, comprenant qu'elles manifestent leur désapprobation.

Nous fîmes rapidement un cinquième petit. Mon fils s'appelle Moïse. Moïse Mitterrand, il lui faudrait du caractère ! Cet enfant a déjà un nom de famille difficile à porter, a-t-on murmuré dans les deux familles, quelle idée de lui coller un prénom qui handicape encore davantage ! Encore une invention d'Anne-Marie ! Olivier et moi n'avons pas cherché à faire de la provocation. Le père de mes aînés étant juif, nous avons pensé par ce geste rendre hommage à leurs origines paternelles ; avec un petit frère qui porte ce nom, ils se sentiraient moins isolés dans des familles où tout le monde est catholique à part entière. Vingt ans plus tard, Moïse nous a remerciés. « C'est le plus beau cadeau que vous m'ayez fait », a-t-il reconnu. Le prophète étant plus célèbre que le Président, il s'est rapidement fait un prénom dont on se souvient encore davantage que de son nom de famille !

Nous connûmes des débuts conjugaux orageux. Le désir de transmettre à nos enfants communs l'éducation que nous avions reçue accentua ce qui nous divisait. N'ayant pas acquis la sagesse des années, c'était à qui convaincrait l'autre, dans la douleur et dans la colère. Le savoir-vivre, les habitudes, les usages nous séparaient et nous nous cramponnions, chacun de notre côté, à nos idées reçues.

J'étais dépassée par l'inédit. Même le vocabulaire était différent.

Ma mère en bonne protestante utilisait des termes abscons pour évoquer tout ce qui se rattachait à la sexualité : un homosexuel était un malheureux, un grand baiseur un monsieur vigoureux, une femme qui couchait à tort et à travers avait du tempérament, et divers euphémismes de ce genre. Lorsque j'entendais mon mari et ses frères, en présence de « Maman chérie », accessoirement de mes innocents chérubins, expliquer que leur copain Untel bandait comme un cerf ou bien que la copine Machin avait des orgasmes tonitruants, j'en tombais quasiment à la renverse. Sur le coup, je baissais le nez dans mon assiette. Mais sitôt face à face, mon mari en prenait pour son grade. Comment osait-il permettre que de tels propos soient prononcés devant son épouse et ses enfants, il devait nous protéger de l'obscénité... On se serait cru au régiment... Je n'admettais pas le nivellement par le bas, et patati et patata... Je crois que ma fureur lui paraissait sincèrement hors sujet, dans un milieu moderne on appelle un chat un chat, il me conseillait de maîtriser mon hystérie.

J'avoue avoir pris le pli, le langage contemporain déteint sur mes phrases, je n'en suis d'ailleurs pas fière. Nos garçons grandissaient et j'en entendais de toutes les couleurs. Le verlan, les gros mots, la vierge en string, nique ta mère, j'avais beau m'égosiller pour leur inculquer qu'on « n'enculait » personne à table, ils en inventaient de pas banales !

J'ignore si c'est avec la gauche que s'est accrue la grossièreté de la langue française, mais en tous les cas entre leur enfance et la mienne, dans ce domaine, le gouffre était immense.

Mon mari n'en était pas responsable, mais j'étais choquée par les discours des socialistes. Ils en avaient des expressions osées, ils y allaient carrément pour jeter leur vérité, ne s'embarrassaient pas de jolies périphrases pour exprimer le fond de leurs pensées.

Quand ils furent au pouvoir, ce fut encore pire, nos gouvernants en place se permirent un langage à la limite insultant. Une dame Premier ministre perdit le contrôle de ses paroles à la télé et s'en prit à nos amis anglais, les traitant de « pédés ». Cela aurait pu être une amabilité, mais dans sa bouche, ça ne l'était pas. Ensuite ce furent les Japonais qu'elle qualifia de « fourmis ». Normal qu'ils se vexent et renoncent à nous rendre visite, serait-ce pour écouler les stocks de nos boutiques de luxe. Ni Mitterrand ni un collègue de ministère ne se dressa pour dénoncer des écarts de langage salissant la réputation des Français. On n'en avait « rien à cirer » !

Non mais ! Elle déraillait, cette dame Cresson ! Fallait être nerveuse pour parler de cette façon à des étrangers qui ne faisaient de mal à personne. Tout de même, elle nous représentait, de quoi avions-nous l'air ?

Moi, j'étais mal à l'aise. Les gens me prenaient à parti, Tonton devait être fichtrement amoureux pour qu'elle reste Premier ministre… Sans doute était-elle une affaire… Elle n'avait pourtant pas la tête de l'emploi, avec ses allures de gendarme en jupon, on ne la voyait pas marivauder… Que pensait le Président ? Allait-il la garder au gouvernement ? Il me semblait vraiment gênant d'être ainsi mêlée à l'intimité d'un oncle, je rougissais comme si c'était moi qui lui faisais des agaceries.

Ah ça ! Je peux le dire, j'avais du mal à me conformer à la mentalité de ma belle-famille, j'avais l'impression d'être tombée chez des mutants, et Olivier ne m'aidait absolument pas à m'habituer à ce qui était pour moi une révolution culturelle.

Il se fichait de mes états d'âme et indignations. En homme d'affaires, il s'était bagarré pour arriver à ses fins, il avait surmonté les influences contradictoires, contrarié ses parents puis affronté la circonspection du papa pour obtenir la main de la fille, les problèmes résolus, l'épouse était à sa place comme la commode du salon, maintenant qu'on lui fiche la paix ! Que de remue-ménage pour pas grand-chose, on ne va pas s'éterniser, une fois un marché conclu on passe au suivant. La peur d'une rupture commandée par les familles effacée, notre couple prit dans la foulée des allures de « ménage », Olivier et moi sommes rapidement devenus des associés efficaces, chacun son rôle, une mère de famille nombreuse qui dirigeait la maisonnée, un homme pressé qui partait au bureau à l'aube, accueil du guerrier dans la bonne humeur, à la nuit tombée. Il me prévint, « maintenant, je suis ton mari, pas ton amant ». Quel terrible perspective !

Et ça voulait dire quoi ? Allait-il comme son oncle avoir des maîtresses et des enfants ailleurs, évoquait-il par là une liberté sexuelle réciproque ? Que signifiaient ses déclarations bizarres ? Pour moi, encombrée de mes idéaux de jeune mariée, c'était inconcevable. Tant pis, puisqu'il ne comprenait rien, je construirais mon couple seule et finirais bien par l'amener à ma raison. Je me comportais comme je l'étais : en amoureuse, baisers, étreintes, scènes de ménage. Maman chérie réprouvait :

– Tu n'as pas besoin de l'embrasser constamment, c'est ridicule…

Mon mari, gêné, freinait mon exaltation :

– Sois sage…

Je ne l'étais pas. Je voulais de l'intensité et de l'expressif.

Les Mitterrand sont plus que réservés : glacés. En m'écartant résolument de leurs habitudes, je les choquais, j'aurais dû m'adapter dès le début, j'en étais incapable. Amoureuse, j'aspirais à l'osmose, Olivier devait faire sienne ma vision du couple. Non seulement on ne change personne, mais en plus celui ou celle qu'on veut transformer finit par vous prendre en grippe.

Naïve, je m'évertuais à le convaincre de ma vérité. Je lui demandais l'impossible. Même s'il l'avait voulu, il était coincé dans les conventions, les non-dits, les traditions derrière lesquels les Mitterrand camouflent leurs sentiments. Chez eux, pire que chez les bourgeois, les principes sont stricts, c'était comme ça, ils apprennent dès l'enfance à les respecter : ce que l'on pense, on ne le dit pas. Peut-être est-ce une forme de sagesse ? Pour moi, tout *modus vivendi* était une infamie, et François Mitterrand, l'image suprême, le chef, le patriarche, donnait un sale exemple !

Je crois avoir exaspéré mon mari en le poussant dans ses retranchements, allant jusqu'à lui reprocher les concessions que s'accordaient François et Danielle Mitterrand.

Olivier se fâchait, que venais-je l'enquiquiner avec « mes histoires à dormir debout » ! Ni lui ni moi n'avions à nous mêler de la vie privée de son oncle, pas une fois il n'a daigné entériner les rumeurs le concernant, suivant la sacro-sainte loi de garder secret tout ce qui pouvait nuire à l'auguste image ! Je le tarabustais pour qu'il prenne parti, s'implique, et me promette que jamais nous n'en arriverions là.

Je ne lui soutirais aucune promesse, juste de sévères remontrances. Acharné à défendre l'honneur de Tonton, il me répondait « pression intellectuelle », « fanatisme bourgeois »,

« intransigeance névrotique », en aucun cas, il n'aurait désavoué François. Parfois, il mettait fin à nos engueulades :

– Puisque je ne te trompe pas, pourquoi t'énerver ?

– Dis-moi davantage, promets-moi que tu n'es pas d'accord…

– Assez !

Autant raconter les couleurs à un aveugle ! Il y avait pourtant de quoi m'inquiéter, Olivier baignait dans la complaisance conjugale depuis son enfance. Plusieurs fois mariée, sa mère était sacrément olé olé, elle menait les hommes à la baguette, elle avait de la poigne et savait « s'y prendre » en cas de contestation. Comme je déplorais que son fils rentre trop tard du bureau, elle me conseillait tranquillement de le tromper pour qu'il se dépêche, c'était radical, la technique avait fait ses preuves, garantissait-elle ! Pour elle, un remède efficace, pour moi, la fin d'un rêve. Une trahison. Quel mot de ménagère ! Une passade par-ci par-là réveille la libido, juste un moyen de communication ordinaire ! Les mensonges et les dégoûtants prétextes pour les excuser me l'auraient coupée définitivement, la mienne, de libido ! Certainement, elle recommandait à Olivier semblables solutions, je craignais qu'il ne les approuve et m'évertuais à l'affranchir de l'empreinte maternelle, ce qui l'énervait énormément :

– Ma mère dit ce qu'elle veut et moi aussi.

Pour lui donner le bon exemple, je m'interdis toute relation extra-conjugale, serait-ce boire une citronnade avec un copain à la terrasse ensoleillée d'un café ou discuter avec un homme de moins de quatre-vingts balais. Les femmes exemplaires sont embêtantes. Olivier n'avait pas d'avis, ne parlait pas, ne disait rien, m'opposant un silence mitterrandien.

Était-il indifférent ou innocent ? Je n'y comprenais rien !

Les Mitterrand estiment ne pas avoir à se justifier. Il faut les aimer les yeux fermés, « qui m'aime me suive ». Ils n'ont pas une nature de courtisan et pensent superflue l'adhésion de l'autre, tout simplement, ils abandonnent celui qui ne suit pas et tracent leur chemin. Tenaces, ils avancent vers le but qu'ils se sont donné sans se retourner, et tant pis pour celui qui se perd en route. Soit j'épousais l'atavisme Mitterrand, soit je serais distraitement écartée. Je n'avais aucun pouvoir, aucune influence sur mon mari, j'essayais en vain de comprendre ce que je représentais pour lui, ce qu'il pensait. À mes questions il répondait qu'il n'était qu'un « homme ordinaire », exaspérant de modestie, il ne « pensait rien », tout ça était trop obscur pour moi !

– Tu as bien une petite idée de ce que tu espères faire de ton couple ?

Non, pas d'idée du tout ! L'avenir de son couple était le cadet de ses soucis ! Mon imagination travaillait, que me cachait-il de si grave, qu'allais-je découvrir ? On m'aurait dit que mon mari menait deux vies, deux foyers en parallèle, je n'en aurais pas été autrement étonnée.

Environ quinze ans plus tard, il y a quelques mois, Guillaume, mon fils aîné, s'est marié. Je me suis aperçue que mes illusions étaient intactes. En guise de bénédiction, je l'ai prévenu contre les méfaits de la liberté sexuelle, même verbale, un « tue-l'amour », ce machin-là. Je lui recommandai de garder sa fraîcheur de débutant et d'éviter les travers de ses aînés, qui, mus par leur stupide instinct grégaire, sont tombés dans un libertinage stérile où se meurent la plupart des mariages. Je crois avoir transmis à mon garçon la foi de ma jeunesse. Souhaitons que ma belle-fille marche dans la même direction. Elle a du bon sens, ils ont toutes leurs chances.

Aujourd'hui, je pense sincèrement que mon époux avait peu de turpitudes à me dissimuler. Les subtilités sentimentales, tout simplement, ne l'intéressaient pas, beaucoup moins en tout cas que la construction de ses projets immobiliers. Il m'en a fallu des doutes et des soupçons et des angoisses pour en arriver à cette conclusion. Pour les mâles de cette famille, François, Robert, Jacques et mon mari, une épouse est un acquit qui ne doit pas les déranger, le mariage une association indissoluble sans rapport avec le romantisme. Secrets, ils ne se livrent jamais, ils semblent attachés à leur légitime et font leur devoir avec abnégation. Des compagnons constants sur lesquels on peut compter, on les dirait du XIXe siècle. Jadis, le couple se maintenait dans ce genre d'organisation.

Chapitre 7
LES MITTERRAND ET L'ARGENT

L'argent donne tout ce qui semble aux autres le bonheur.
Henri de Régnier

Nos différences ne s'arrêtaient pas aux manières de s'exprimer ou d'aimer. J'ai dû me familiariser aussi avec la relation que les Mitterrand entretenaient avec l'argent. Alors là je suis tombée sur une autre planète.

Dans ce domaine, Olivier, étant un homme d'affaires, se démarquait des siens d'une manière radicale, comme s'il voulait prouver sa différence ! Pour lui un sou est un sou, les autres ne savaient pas compter. Nous avions établi notre budget avec précision et sans équivoque. Compte tenu que mes deux aînés étaient à la charge de mon père, nous avions deux comptes, mais c'était à qui honorait les factures le premier, nous nous hâtions de libeller notre chèque avant l'autre, il déchirait les miens, je déchirais les siens. Ni lui ni moi ne voulions que l'autre paye plus qu'il ne devait, et ce sujet ne méritait même pas une conversation. N'est-ce pas rare, n'est-ce pas joli ? J'en étais fière.

Chez les bourgeois, on y pense, mais on s'en cache, dans la famille Mitterrand l'argent était un problème dont on parlait beaucoup. Jamais un repas ne se déroulait sans l'intermède « fric ». Qui en a ? Combien ? Qui en manque ?

Comment en faire ? Pour des gens qui se prétendaient au-dessus de ces contingences, c'était surprenant.

De toutes parts, il était rapporté que François Mitterrand était réfractaire au porte-monnaie, pour ne pas déformer les poches de ses costumes ajustés près du corps, assuraient ses partisans ; parce qu'il ne « les » lâchait pas, serait-ce avec un élastique, démentaient ses détracteurs ; mais de gauche à droite, tous reconnaissaient qu'il estimait normal de ne point régler les « additions » au quotidien. L'ordinaire assuré, il pouvait se passer de liquide. Qui n'en ferait pas autant ? Il est délicieux de se balader léger, on ne risque pas de se faire voler ! Malheureusement, personne ne me devance jamais à la caisse pour régler mes achats. Peut-être est-ce un avantage dû à la fonction de président. Mais avant son mandat ? Comment diable se débrouillait-il pour nourrir sa famille ? Son épouse n'était pas une possédante, ne travaillait pas, et lui n'exerçait pas de métier dit alimentaire. Qui payait le loyer, le gaz, les études des enfants ? Royal, il avait l'élégance de ne pas vérifier ses relevés mensuels et la chance d'avoir des amis dévoués pour suivre à sa place comptes en banque et placements boursiers. Ensuite vivent et s'envolent et perdurent les belles phrases : « L'argent qui tue, qui achète, qui ruine, qui pourrit jusqu'à la conscience des hommes… », « l'argent est méprisable… », « le capitalisme, une malédiction… », « l'argent roi salit tout ce qu'il touche… », « l'héritage est une inconvenance… », et autres sentences de cet ordre. D'accord, il a raison : les prophètes, Jésus inclus, tenaient de semblables discours, de Gaulle pensait aussi que l'argent était destructeur, mais il mettait ses économies dans des associations pour enfants handicapés et son épouse a terminé ses jours dans une modeste pension de famille ! Quant au Christ, pour porter la bonne parole, il marchait en sandales et non en Weston, et ne se tapait pas la cloche dans tous les bons bistrots de la Palestine.

Le besoin d'argent irrépressible est une exigence qui nécessite trop de concessions, une aliénation satanique à hauts risques de dérapage. Quand on œuvre dans la religion ou la politique, deux activités qui devraient se ressembler, il faudrait soit se suffire de ce que l'on possède déjà, soit tout simplement en être détaché. Il existe des tas d'individus indifférents aux biens matériels, ceux-là sont des êtres libres.

La philosophie de l'esthétisme est une entrave. François Mitterrand avait du goût pour le luxe, il préférait un bon restaurant au McDo, il se vêtait de beaux habits et cédait sans faire de manières aux tentations que lui proposaient ses amis richissimes. Il n'était pas hostile aux intérieurs agréables, au confort d'un service, on alla même jusqu'à le soupçonner de posséder, en Italie, une maison qui n'avait rien d'une cage à poules. Et cet argent dont il dénonçait les méfaits ne le dégoûtait pas outre mesure quand il s'agissait d'en faire profiter sa progéniture. Quelques mois avant sa mort, une de ses sœurs me raconta qu'il était favorable à une vente aux enchères de ses effets personnels, comme cela avait été fait pour la Callas ou Jacqueline Kennedy, afin que ses enfants en touchent les bénéfices ! Si le gain qu'on peut tirer d'une paire de chaussettes vendue à prix d'or, ou d'une photo inédite, ne peut être qualifié de succession au même titre que des valeurs mobilières, moi je perds l'entendement. Pour être honnête, au cas où les vieux caleçons de papa pourraient rapporter gros, j'en ferais volontiers commerce. Ne serait-ce que par respect de sa mémoire, car pour tout parent normal, qu'il soit ouvrier, cultivateur ou employé aux écritures, léguer à ses enfants des économies modestes ou conséquentes est une preuve d'amour.

François Mitterrand s'adaptait au contexte et corrigeait ses théories quand il s'agissait de les appliquer à sa propre personne. Une des premières mesures qu'il ait prises au début de son mandat initial fut de doubler les impôts de succession, mais « l'inconvenance de l'héritage » ne l'empêcha pas de se donner un mal de chien afin que sa progéniture en paie le moins possible ! Moi qui adore mes enfants, je me garderai de le critiquer, toutefois j'aurais apprécié qu'il traite ses semblables de la même façon !

La polémique qu'engendra la rémunération de ses débats télévisés prouva qu'il n'avait jamais envisagé d'égalité face à l'impôt. Pour celui qu'il avait accordé à Elkabach, je crois en 1994, il voulait que ses héritiers touchent des droits d'auteur lors des retransmissions *post mortem*, sans en reverser 40 % à l'État ! Sans impôt ! Lui ! Le socialiste pur et dur ! Quel culot ! Un débat à la télé est un bisness comme un autre, certes celui-ci avait été particulièrement douloureux car il était très malade, et c'est tout à fait normal qu'il en tire des profits transmissibles à ses enfants. Jusque là rien à signaler. C'est la suite du raisonnement qui nous tourneboule ! Ses prestations sur les écrans n'en demeuraient pas moins un boulot qui valaient le labeur d'un entrepreneur ou d'un avocat, qui peut-être comme lui subissaient les souffrances de la maladie, et travaillaient eux aussi jusqu'à la dernière extrémité. Si une dérogation fiscale vaut pour le président de la République, elle est valable également pour le voisin.

Il aurait été sensé de réfléchir un peu avant de les hausser, ces fameux impôts de succession ! Ça fait cher ! À qui la faute ? Sans doute, fine mouche, Mitterrand avait étudié la boutade de Courteline : « S'il fallait tolérer aux autres tout ce que l'on se permet à soi-même la vie ne serait plus tenable. »

Nous sommes des crétins.

De là où il est, il doit se féliciter. Par sa volonté, enfin nous avons gagné un premier prix : en Europe, la France est devenue le pays qui pénalise le plus fortement les entreprises au moment de la transmission, mettant en péril leur pérennité et les emplois.

Je ne pardonnerai jamais à mon beau-père, qu'on savait n'avancer d'autres idées personnelles que celles de son cadet François et semer sa chère parole mot à mot, d'avoir inquiété mon père, qui lui n'occultait pas son désir de protéger ses enfants quand il ne pourrait plus les aider par sa présence.

Quelques années avant les élections de 1981, Olivier et moi ne nous connaissions pas encore. Mon père rencontra Robert Mitterrand dans un cocktail mondain. Le malheureux devait se sentir un tantinet mal à l'aise au sein d'une compagnie où il était le seul socialiste ; on se demande pourquoi il s'égarait chez les conservateurs, et surtout pourquoi il était invité, mais c'est une autre histoire !

Sans doute pour tromper l'ennui de ce genre de raouts, un groupe de messieurs s'était formé, dont mon père et mon futur beau-père. Ils discutaient des interviews pré-électorales de Mitterrand. Son cheval de bataille favori étant l'augmentation des droits en matière d'héritage, on en vint évidemment à l'évoquer. Pour tous, approchant l'âge où les efforts consentis au long d'une vie dans la perspective d'une transmission de biens point trop entamés allaient porter leurs fruits, c'était dur d'admettre leur inutilité. Les promesses du candidat de gauche les tracassaient beaucoup, chacun donnait son avis, les pessimistes se tourmentaient tandis que les optimistes pratiquaient la méthode Coué. Tout ça ne tenait pas debout, se rassuraient-ils tant bien que mal : ce n'était que profession de foi utopique dont Mitterrand se servait pour séduire l'électorat de gauche, lui-même n'étant pas dupe… Ce serait inciter à dilapider son patrimoine de son vivant… Supprimer la force de l'industrie française… On enlevait à l'homme l'espoir de fonder une dynastie... C'était de l'appropriation arbitraire... Du vol... Pourquoi l'ambition, bâtir, travailler si l'avenir s'arrêtait à la fin d'une vie... Être le maillon d'une chaîne, voilà ce qui fait avancer un homme...

Robert Mitterrand traversait à l'époque de sévères difficultés professionnelles. Il ne pouvait comprendre les intérêts de ces hommes qui s'étaient bagarrés pour monter des sociétés, valoriser des industries ou pour garder ce que leur propre père leur avait laissé, afin d'en remettre les clés à leur fils. Mon futur beau-père observait leur angoisse se répandre sans piper. Puis il se leva. En ébauchant un geste significatif vers son postérieur, il crut bon d'avertir clairement ceux qui doutaient encore des objectifs de son frère :

– Vous pouvez vous le mettre « où je pense », l'héritage !

Mon père comme ses copains étant des messieurs de bonne compagnie, s'abstinrent de lui mettre un poing sur la figure ou même de s'étonner de l'indélicatesse de l'affirmation, mais la déclaration jeta un froid. Le lendemain, j'appris de la bouche de mon père combien elle l'avait ébranlé. Je tentai en vain de le rassurer. Je l'aurais eu sous la main, ce Mitterrand-là, je lui aurais dit le fond de ma pensée !

Je suis convaincue que la plus riche des donations que l'on peut faire à ses enfants est de les armer pour la vie par les études et le travail, mais si par hasard on peut faire davantage pour améliorer leur ordinaire, on n'hésite pas. Personnellement je vais plus loin, tout ce que je peux faire pour les aider, je le ferai, c'est mon point de vue, j'ai peut-être tort, mais c'est ainsi. Cependant, sans chercher à me justifier, je vois bien autour de moi que je ne suis pas la seule dans mon cas, dès qu'on a quatre sous, on veut en faire profiter les siens, conjoint, compagnon, enfant... Le soixante-huitard le plus vindicatif une fois riche se transforme en petit-bourgeois près de son porte-monnaie...

Le type qui écrit des livres pour programmer la destruction du monde capitaliste discute le montant de ses droits d'auteur pied à pied pour acheter l'appartement du gosse… Le révolutionnaire au couteau entre les dents, déchaîné contre le bénéfice, dès qu'il en fait lui-même ne pense plus qu'à boursicoter pour en mettre plus de côté pour sa descendance… Et quand un célibataire n'a pas d'héritier, mais un pécule, ils préfère le laisser à son chien plutôt qu'à l'État.

Tous raclent les fonds de tiroir pour avoir le plaisir d'écrire un testament.

Offrez à un socialo combatif la possibilité d'établir sa famille, on n'aura plus à s'inquiéter, on pourra compter un socialiste de moins ! En plus de tourner sa veste prestement, il va se creuser le chou pour passer à travers les droits de succession !

C'est hormonal, nous ne sommes que des êtres humains, sortis du même moule : pour laisser des traces de son passage sur terre, on n'a rien trouvé de mieux que de fabriquer une postérité et de s'en croire responsable.

Qu'on ne me la raconte pas ! J'en ai entendu des proclamations altruistes, j'en ai connu des acharnés à défendre les pauvres, j'en ai vu des belles âmes pleines de charité… N'ont pas résisté à la paternité ! Hors certains qui comme Bill Gates, estimant à juste titre que trop d'argent est destructeur, choisit d'en offrir une partie à moins chanceux dès la naissance de son bébé. Dans la salle d'accouchement, les grandes idées généreuses s'envolent en fumée, adieu le confort du voisin, on ne pense plus qu'à pourvoir le rejeton, pendant, après et toujours. Le reste c'est du blabla.

Je devrais me taire. Tant pis ! Je regrette d'avoir été trop timorée et je vais me rattraper quitte à manquer de tenue, je me ferais certainement rappeler à l'ordre pour cause de rancune infaillible, au moins je l'aurais mérité, en plus je vais désobéir à Papa qui m'aurait demandé de ne pas m'abaisser à régler des vieux comptes. Au diable la politesse. Je trouve insensé que Robert Mitterrand se soit permis de remettre en cause des valeurs auxquelles mon père était attaché. Tout beau-père qu'il devint par la suite, ça m'est égal, il n'y a pas que les Mitterrand à être opiniâtres. Papa est mort et je n'ai pas oublié, j'ai autant de mémoire que d'obstination. Je ne serais jamais son amie, même si je porte son nom, fût-il le grand-père de mes enfants, jamais.

Robert Mitterrand a changé d'opinion, au cas où son épouse deviendrait sa veuve, il s'est employé à la mettre à l'abri du besoin. La passation des biens a été préparée avec la vigilance d'un mari aimant. Son souci est respectable. Mais pourquoi avoir hier prôné le contraire de ce qu'il fait aujourd'hui ? De quel droit a-t-il alors attaqué mon père ? De quel droit ?

À sa décharge, le temps s'est écoulé, déjà un quart de siècle ! Une fois acquise la sagesse du grand âge, il est permis de changer de convictions.

Au vu de l'énergie qu'il déployait pour léguer un patrimoine à ses gosses, et, comme tout le monde, « les établir » avant de partir, François Mitterrand reconnaissait que l'héritage n'est pas une question politique mais une histoire de sentiment. En public, il s'insurgeait contre la nocivité d'une mentalité qu'il avait fait sienne, s'octroyant à titre personnel des privilèges qu'il refusait aux autres.

Le Président estimait certainement la fiscalité en France trop élevée puisqu'il oublia que tout revenu méritait impôt, omettant d'en avertir son fils qui fut accusé plus tard d'en avoir été « par erreur » exempté. Une erreur d'une dizaine de millions et des « poussières », dont l'intéressé se justifia du mieux qu'il put : un malentendu, pas un délit !

Si une négligence de cet ordre est une infraction grave pour la majorité des citoyens, ça l'est également pour le fils du Président. Compte tenu de sa position, on peut admettre qu'ayant été préservé de la « pressuration » fiscale officielle, il ait négligé de régler sa note au fisc, mais il aurait dû connaître par cœur, comme tout contribuable lambda, les termes utilisés pour les taxes habituelles, IRPP, CSG, ISF, etc. Nul n'est censé ignorer la loi, il aurait dû également être informé des conséquences d'une telle omission : quand on est passible d'un paiement immédiat, ce n'est pas une « rançon » mais une amende légale qui s'applique à tous les litiges de ce genre.

En découvrant à la télé que les Mitterrand essayaient de s'arroger des privilèges fiscaux interdits à la population, les Français sortirent de leur bienveillante torpeur.

Les collatéraux eurent alors intérêt à raser les murs. Jean-Christophe passa Noël à l'ombre et nous tous, nièce rapportée incluse, fourrés dans le même sac. Là je peux le dire ! Le nom Mitterrand devenait fichtrement dur à porter. Les gens étaient fâchés, ils nous en voulaient vraiment !

Personnellement, je l'avais amère ! Cette mauvaise nouvelle tomba au moment où je sortais mon dernier livre. Chantal, qui s'occupait de sa promotion auprès de la presse, plaidait ma cause : « C'est arbitraire, elle n'y est pour rien. » Elle récoltait des réactions souvent hostiles, on se fichait de la place que j'avais dans la famille, le nom suffisait. J'avais bénéficié d'avantages dont je devais payer le prix. Et ne parlons pas de la soudaine méfiance des inspecteurs des impôts, le Mitterrand qui se présentait au guichet pour remettre son chèque d'IR était jaugé avec suspicion. C'était pénible.

Devais-je passer une annonce publicitaire, « c'est pas ma faute » ? Pleurer ? Me disculper ? Ce n'est pas joli de ramener à moi le malheur du cousin. L'affaire n'a pas été jugée, s'il y a un non-lieu, j'en voudrais énormément à la médisance d'avoir inventé un truc pareil, car dans ce cas précis, j'aurais aimé me soustraire à la solidarité familiale.

François Mitterrand abusait de la crédulité des citoyens, les imaginant trop respectueux pour comprendre qu'il se jouait de leur naïveté et continuait tranquillement à se dispenser des contraintes financières qu'il exigeait des autres. Non seulement il fallait accepter sans piper bobards ou faux-semblants, mais encore il fallait être intimement convaincu que c'étaient des vérités incontournables. L'adhésion aveugle des membres de la famille allait de soi, il était entendu une fois pour toutes que l'argent n'intéressait pas le grand homme.

Je n'aurais pas dû montrer un certain scepticisme.

L'insupportable paradoxe s'étendait à toute la famille. C'est dégoûtant d'avoir de l'argent, on sait qu'il ne fait pas le bonheur, mais comment diantre s'en procurer ?

Pour les Mitterrand, le riche était un veinard qui n'avait aucun mérite, invariablement assis sur un tas d'or dont le montant était systématiquement « colossal », il était préservé des soucis propres à tout être humain. Spleen, cafard, peur du lendemain, d'un changement de régime, d'être volé lui étaient strictement interdits. Si un riche se désolait d'avoir à se résoudre à l'exil afin de se prémunir de ponctions arbitraires visant à le mettre définitivement sur la paille, on se gaussait : « Avec tout le fric qu'il a, on va pas pleurer ! » Quand « on en a », même le « mal du pays » est défendu ! L'amour de la patrie appartient aux prolétaires, le patriotisme étant défendu aux riches.

Le galetteux en avait toujours « assez » pour se planquer du malheur. Il me semble en effet préférable d'être riche et malheureux que pauvre et pareillement malheureux, mais si une personne aimée vous abandonne ou disparaît, la détresse est probablement semblable pour tout le monde.

Non ! L'argent peut tout ! La solitude du riche est négligeable puisqu'il n'a qu'à payer pour la combler ! Il n'a pas droit au désespoir.

Une anecdote me revient en mémoire. Alors qu'une cousine et moi attendions sur un banc la fin d'une partie de tennis des enfants, nous discutions, comme d'habitude, de son budget trop serré. Je compatissais, car je l'admets, c'était dur pour elle de boucler les fins de mois.

– La vie peut être vraiment amère, remarquai-je d'une voix sombre.

En fait, j'étais désespérée par une récente fausse couche dont je ne me remettais pas ; je voulais tant avoir un cinquième enfant ! Ma voix cassée, la pâleur de mon teint trahissaient davantage la fatigue et la peine d'avoir perdu le bébé que la part que je prenais à ses sempiternels problèmes. Elle s'exclama :

– Ne fais pas cette tête-là ! Qu'est ce que t'en sais de l'amertume de la vie, avec ce que gagne ton mari et ce que te laissera ton père ! T'as pas à te plaindre !

Je me suis mise à pleurer comme une malade, si violemment que je ne pouvais expliquer à travers mes sanglots la véritable raison de ma souffrance. La cousine n'avait jamais vu une personne compatir si énergiquement à sa dèche !

L'aisance condamne au bonheur. Pas une plainte, pas une angoisse ne sont autorisées au rupin. S'il avait perdu la moitié de sa fortune à la bourse ou la totalité c'était encore plus drôle, on ne finissait pas de s'en amuser. Une fois, je m'étais emportée, puisque ce riche dont on évoquait, entre la poire et le fromage, la déroute financière avec un si caustique humour appartenait désormais au clan des pauvres, ne pouvait-on lui accorder un peu de compassion ? Non ! Même les riches devenus pauvres restent des riches.

On enviait la richesse, mais on refusait les moyens ordinaires de l'acquérir.

Dans ma belle-famille se percevait la condescendance pour les épargnants qui voyageaient en seconde, étaient dénigrées les économies, toujours qualifiées de bouts de chandelles, méprisé celui qui hésitait à flamber, aussitôt traité de pingre, d'égoïste spéculateur, de grippe-sou... Il leur était impossible d'imaginer qu'il est difficile de dilapider ce que l'on a épargné jour après jour, par un dur labeur, car le travail bien rémunéré est contraignant, souvent ennuyeux et répétitif, et celui qui en gagne n'a pas toujours le temps de le dépenser avant son trépas ! Écrire des poèmes est moins rentable que de multiplier des supermarchés mais plus distrayant et moins accaparant.

« Il faut savoir le prix de l'argent, les prodigues ne le savent pas et les avares encore moins. » Les Mitterrand comme tout le monde se prétendaient généreux en l'étant surtout envers eux-mêmes, et le prix de l'argent était pour eux un concept parfaitement nébuleux. Personnellement, je les trouvais plutôt rapiats quand il s'agissait des étrennes de mes enfants et prodigues pour mener grand train ! Jamais vu des personnes dépenser autant tout en se désolant de ne pas avoir un rond !

Afin de maintenir son rang, inadmissible de lésiner, on préférait tanguer sur la corde raide que de déchoir, encore davantage lorsque François accéda au trône ; ce fut du délire, on ne pouvait plus faire ses courses ailleurs que chez Fauchon, pas question d'être surpris à pousser son Caddie au Prisunic. Ce que ce terme a pu m'énerver : « mon maître d'hôtel » remplaça la femme de ménage, on échangea la vieille voiture contre une neuve, le coiffeur du quartier ne convenait plus pour ces dames reçues à l'Élysée... Pour faire honneur à la prestigieuse filiation, il fallait ce qu'il fallait ! Ensuite, les dépenses excédant les recettes, venaient les insomnies, on se lamentait, on criait au scandale, on se rebellait contre l'injustice... Que faire ? Comment émouvoir son banquier ? Comment calmer un créancier, éviter le retour de bâton ?

Je ne sais pas claquer sans compter ; pour moi, un sou est un sou. Avec ces gens qui dépensaient sans avoir de quoi payer, j'avais l'impression d'être tombée chez les fous. J'étais consciente que nous ne pouvions nous comprendre !

Estimant barbare d'être continûment à la dernière extrémité, je suggérais timidement de ramener les voiles, éponger les dettes, se limiter à la sécurité, fût-elle médiocre, tout valant mieux que le « rouge » à la banque. On levait les yeux au ciel, j'avais de ces idées ! Comme si on pouvait s'abaisser aux méthodes des petits-bourgeois !

On cherchait vers qui, vers quoi se retourner ! Une bonne âme allait certainement se manifester. Dans cette famille, impossible de s'aider mutuellement, tous étaient fauchés. Pas un pour sauver l'autre ; les vieux, les jeunes se jetaient tête baissée dans des pétrins inextricables : double ménage, liaisons coûteuses, appartement trop cher, divorce irréfléchi, c'était à qui produisait le plus de déficits. Ensemble ils se creusaient les méninges pour trouver la solution, comment devenir un riche ? Ils échangeaient des indications complètement utopiques, inventaient des manœuvres imparables, échafaudaient des combinaisons emberlificotées, des alliances invraisemblables...

– N'y aurait-il pas un galetteux pour ma fille qui vient de se faire plaquer ?

Comme si on en croisait à tous les coins de rue, des riches, comme s'ils se laissaient épingler par le premier venu, encore moins par une brave fille qui ressemble au Président !

– Mon loyer a été augmenté, tu ne connais pas quelqu'un qui pourrait m'avancer la différence ?

Rares sont les nantis qui règlent les factures des copains, il aurait été plus rationnel d'envisager un déménagement.

La logique n'était pas leur truc. Optimistes, ils cherchaient une malice intelligente, il y avait sûrement moyen d'attendrir un millionnaire. On me croyait introduite, une de mes amies serait-elle intéressée par l'achat d'un joli châle tout brodé, offert, l'année dernière, lors d'un voyage officiel avec François, une pure merveille... Où diable dénicher le pigeon prêt à payer des vêtements d'occasion alors qu'il peut s'en offrir des neufs ? Ils cogitaient longuement expédients, trouvailles miraculeuses, qui d'un coup de baguette magique aplaniraient les soucis de fin de mois. Naïfs comme des enfants, les Mitterrand ignoraient tout de la mentalité des riches, les imaginant faciles à berner, la main constamment au portefeuille pour des distributions impromptues, des benêts désireux de partager leur munificence ! Ah si seulement on en attrapait un, après ça ferait boule de neige ! Inutile de leur expliquer qu'un riche ne le resterait pas s'il se mettait à entretenir tout le monde. Ils étaient butés !

Puis, dépassés par l'injuste fatalité, l'atmosphère se détendait, avec candeur ils espéraient des jours meilleurs ! La chance allait tourner, le ciel pourvoirait à leurs besoins ! N'avoir rien à perdre est une force, ça ne peut pas aller plus mal, ça irait donc mieux. On finissait par en rire ! Rire vraiment. Et là c'était sympathique. Impossible de rester sérieux. L'humour mitterrandien est désopilant, tient de l'ubuesque, même moi, l'épargnante, la prévoyante, la bourgeoise prudente, me laissais entraîner par l'hilarité. Fallait-il que ce fût irrésistible, car en dépit du contexte, au fond, j'étais mal à l'aise. Je me sentais visée, peut-être étais-je susceptible, je craignais qu'ils perçoivent une réprobation que je n'éprouvais pas, nous étions justes des contraires qui ne se rejoindraient jamais.

L'étalage de l'infortune, de quelque provenance soit-elle, est délicat à gérer. Que me voulait-on : me convaincre, m'offenser, m'emprunter une certaine somme, de quel ordre ? Quelle attitude adopter, s'en moquer, compatir, se méfier, dépanner ? Ce fut au contact de ma belle-famille que j'ai réalisé combien il est confortable de cacher l'état de son pécule comme celui de sa santé. Puisque de toute façon on est seul à les supporter, autant garder ses soucis pour soi. Encore une invention bourgeoise qui ne résiste évidemment pas à la vraie pauvreté, mais autour d'une table où tout le monde mangeait à sa faim, parler dénuement frôlait l'inconvenance.

Chez nous, sujet crucial mais tabou ! Il était défendu de citer des prix, comme de chercher à savoir combien ça coûte. À table ou au salon on s'engueulait pour une opinion, pour une conviction, pour un engouement, on discutait âprement du lieu des prochaines vacances et de bouffe, recettes, matières grasses, ce qui personnellement me coupait l'appétit ; mais d'argent non ! Je ne cherche pas à démontrer que nous en sommes détachés, au contraire ! Ma mère tenait ses comptes de ménagère sur un carnet que mon père vérifiait soigneusement. Nous, les enfants, devions lui présenter des budgets détaillés qu'il rognait régulièrement. Un beau mariage signifiait que le futur mari avait de quoi entretenir sa femme dans l'aisance, ses sentiments passant largement au second plan. Le défaut majeur d'une épouse étant de faire danser l'anse du panier, il était conseillé de la choisir économe, fût-elle idiote ou vilaine. Ces mesquines considérations n'étaient pas évoquées à haute voix, surtout devant des tiers ! Aussi inconvenant que de se déshabiller en public, ce qui n'empêchait pas de jouer cartes sur table lorsque c'était nécessaire. Mon père n'aurait pas accordé la main de sa fille sans « s'entretenir entre hommes » des « modalités pratiques » d'une union avec son futur gendre. Lors de sa demande en mariage, Olivier fut clairement informé qu'il devait me prendre en charge à part entière,

Papa s'engageant à assumer l'éducation des enfants du « premier lit ».

Les termes étaient courtois, le contrat ficelé comme celui d'une fusion-acquisition.

J'en profite pour remercier mon mari de ne m'avoir jamais reproché une tirelire vide jusqu'au décès de mon père et de m'avoir entretenue sans calculer, alors qu'il était si important pour lui d'édifier un patrimoine afin de ne pas finir, comme il le craignait pour son père, « le dos au mur », asséché par les dépenses de ses épouses successives !

Mon père parti, ma situation financière se transforma du jour au lendemain. Il n'était pas dans les coutumes de sa génération de brûler les étapes, de son vivant il n'était pas prêteur ! Nous pouvions compter sur lui en cas de grosse difficulté, et encore, il ne s'en laissait pas conter ! Il l'aurait vérifiée de près, « la difficulté », farouchement hostile au virement automatique, nous deviendrons des héritiers par sa mort ! En attendant, nous n'avions qu'à nous débrouiller.

J'aurais donné tout l'or du monde, vendu mon âme et plus encore pour que ce moment n'arrive pas. Il est dans l'ordre des choses de perdre son père. Un dimanche matin je n'eus plus personne vers qui me retourner. Je devenais une adulte indépendante qui pouvait contribuer au fonctionnement du ménage. Olivier n'en profita pas pour modifier ma participation, pas une remarque du style « à nous la belle vie ». Pas une réflexion aigre-douce à propos de la radinerie des bourgeois. L'élégance de son comportement ne me surprit pas, bien qu'il s'écartât de celui propre à sa famille, toujours si prompte à penser que le capitaliste devait régaler les voisins. Il se distinguait des siens si impécunieux par sa prudence en matière de dépenses, il portait des chemises élimées, récupérait les vieilles enveloppes et discutait les prix. Mais il économisait à ses dépens pour mieux gâter son entourage, moi la première, ses proches, les organisations caritatives, les pique-assiettes, les paresseux et les pauvres bougres, tous bénéficiaient de ses largesses. Parfois je m'énervais quand il coupait le chauffage et bouffait dans le noir afin de minorer de quelques francs les dépenses d'EDF, mais je le respectais infiniment pour le panache et la discrétion avec lesquels il exprimait sa générosité.

Si mon mari avait eu à mon égard un centième du mépris qu'éprouvaient les Mitterrand pour ceux qu'ils appellent les possédants, je ne serais jamais rentrée dans cette famille.

CHAPITRE 8

CATASTROPHE, C'EST « LEUR » VICTOIRE !

La gloire se donne seulement à ceux qui l'ont toujours rêvée.
DE GAULLE

Mitterrand remporta les présidentielles sous un orage diluvien. Ma belle-mère, Olivier et moi étions allés « aux nouvelles » rue de Solférino. Une foule hurlant sa joie se pressait sous la pluie, autour du siège du Parti socialiste, nous eûmes du mal à nous frayer un chemin parmi des militants avides de s'approcher du pouvoir tout neuf. Mon mari me tenait solidement par le bras, je regrettais déjà de l'avoir accompagné. Dans ma tête la culpabilité s'inscrivait douloureusement. Je lâchais les miens, ma place n'était pas ici, mais avec mon frère et mes amis. Honteuse, j'essayais en vain de justifier ma présence sous prétexte de solidarité conjugale. Quand nous atteignîmes l'escalier, la violence était à son comble. Verbale à l'encontre des vaincus dont j'étais, plus virulente que celle des tricoteuses de la Révolution, ils en criaient des vilenies inquiétantes, on allait bientôt nous couper la tête ! Les vainqueurs se libéraient de leurs contentieux ! Un triomphalisme terrifiant qui me terrifiait. La bousculade frôlait l'émeute, les partisans déchaînés semblaient plutôt fuir une catastrophe naturelle que fêter une victoire, celui qui aurait le malheur de se casser la figure ne se relèverait pas vivant. Devant nous un jeune engueulait un pépé qui se cramponnait à lui de peur de tomber, le vieux qui basculait sur moi me prit à partie, grondant que la jeunesse d'aujourd'hui manquait d'éducation. Du coude, je lui refusai mon appui : qu'ils s'étripent entre socialistes et me fichent la paix ! La mode était alors aux sabots, j'en perdis un ; impossible de me pencher pour le récupérer. Olivier nous soutenait moi et sa mère, quasiment étouffées par la pression. Un instant, je me trouvai involontairement sur une marche au-dessus de la sienne, elle m'agrippa pour me faire reculer :

– Ah non, tu ne passeras pas avant moi, pas toi !

Moi, la dissidente ! Certainement, elle m'imaginait soudain acquise à son parti, je tournais ma veste, espérant me « placer », je voulais la devancer pour rendre hommage au nouveau gouvernement la première ! L'opportunisme de ma situation me parut ignoble, indéfendable. Je n'aurais pas dû venir. Le mal était fait. Ma détresse fut totale. Dans la vie, on se sent parfois pris au piège. Fulgurante, l'idée d'être définitivement coincée me transperça ; la boucle s'était refermée, j'appartenais à cette famille et ne pouvais plus me défiler, c'était mon destin, j'étais la nièce d'un président de la République socialiste.

Un instant, je fermai les yeux, peut-être n'était-ce qu'un mauvais rêve qui allait s'effacer. Non. Il fallait faire avec.

Dans les salles, les gens continuaient à se réjouir bruyamment. Il n'y avait rien à voir, nous sommes repartis. Je claudiquais sur une seule godasse, du cafard plein la tête !

Après avoir déposé la belle-maman, nous sommes passés chez mes parents, où l'atmosphère était silencieuse. Mon père était né au début du siècle, il avait traversé des guerres et bien des retournements politiques. Depuis l'accession de sa famille à la bourgeoisie, au début du XIXe, l'enfance de son arrière-grand-père, celle de son grand-père, de son père, la sienne, et la mienne par ricochet, avaient été bercées par la hantise du « grand soir » : la bourgeoisie serait anéantie en moins de deux par une horde de pourfendeurs armés qui exécuteraient sans discernement la totalité de ses membres. Papa s'attendait au socialisme. Ce fut quand même un choc.

– La France est foutue, a-t-il dit.

Je l'ai embrassé. Il m'a serrée contre lui sans un mot.

Aujourd'hui, mon père est mort. Après avoir énormément prié, tout au long des belles années que nous avons traversées ensemble, pour que le « grand soir » l'épargne, je n'en crains plus les conséquences. Comme dans mes cauchemars dont je me réveillais en nage implorant Dieu de le protéger, je ne le verrai pas jeté hors de chez lui par des ennemis pleins de haine, et marcher dans la nuit vers des frontières qu'il n'atteindrait pas. Le ciel m'a entendue, il a terminé sa vie dans son lit, en dormant. Le seul avantage que sa mort m'ait apporté est de ne plus avoir peur pour lui d'une invasion antibourgeoise.

Olivier était un gendre attentif, il réconforta son beau-père du mieux qu'il pouvait. Tonton était désormais le président de tous les Français, et comme Dieu, veillerait également sur le sort de chacun d'eux. *Amen.*

La mésalliance se concrétisait, empirait. Le fait que désormais je fasse partie de la famille présidentielle ne flattait en aucun cas la mienne, de famille. On ne s'en vantait pas. Pour me présenter on utilisait mon prénom. Quand il était indispensable de prononcer mon patronyme, on en avalait en vitesse les syllabes, pour les gens de droite obligés de me tendre la main, j'étais une dame Mitran, ou Mitron, pour les plus véhéments. Je n'osais corriger, mes enfants baissaient le nez aussi, furieux de la déformation. Même si nous comprenions qu'on fasse la nique à celui qui voulait nous faire la peau, l'erreur volontaire de prononciation était désagréable, dirigée contre nous ; la vengeance était dérisoire et venait un peu tard ! Il fallait se battre plus tôt contre Mitterrand pour qu'il ne passe pas, au lieu de nier son charisme et le poids de son influence, exacerbés par la prétention absurde de ses adversaires qui s'étaient bêtement imaginés impérissables. Au mépris des talents de l'ennemi, nous nous sommes laissé gruger comme des nigauds, et les vendettas tardives qui se réduisaient à écorcher le nom du vainqueur étaient puériles face à la personnalité de Mitterrand, qui de toute façon séduisait même ceux qui étaient farouchement contre ses idées.

Au-delà de la révolte que pouvait inspirer sa politique, au-delà de toutes les infamies dont on le soupçonnait et dont certaines devaient s'approcher de la vérité, si on accorde un vague sens au fameux proverbe de la « fumée sans feu », au-delà de la rage qui pouvait envahir l'auditeur à écouter son chef le prendre pour un imbécile, aucun détracteur, fût-il le plus farouche, n'aurait résisté à son charme lors d'une rencontre improvisée. Les hommes comme les femmes succombaient, ni par snobisme ni par intérêt. Pour mes parents, le socialisme était synonyme de fanatisme et de dégradation. Néanmoins, mon père reconnaissait la grande intelligence de mon oncle. Pris au dépourvu, comme les autres, mes propres parents se laissèrent apprivoiser.

Peu après les élections de 1981, ils dînaient un dimanche soir au Pied de Cochon ; soudain, branle-bas dans la salle prestement vidée de ses clients. On ne pouvait se méfier de mes parents, des habitués à l'allure convenable, pas de risque qu'ils se révèlent de dangereux terroristes, ils furent autorisés à terminer leur repas. Papa et Maman un peu éberlués observaient les serveurs rassembler des tables afin de mettre le couvert pour une trentaine de personnes. Puis dans un grand tohu-bohu triomphant, l'intelligentsia branchée du moment prit place pour se taper gaiement la cloche. Des jeunes femmes bronzées, des mecs en tenue décontractée, blouson de cuir et cachemire, rivalisaient de bons mots et de compliments adroitement tournés pour amener un sourire sur les lèvres minces du monsieur raide comme la justice qui présidait le joyeux banquet sur lequel il jetait un regard qui se voulait tolérant, mais auquel rien n'échappait.

Ma mère, qui ne lisait pas la presse et n'avait pas de télé, porta à ses yeux des lorgnons à une branche.

– C'est bizarre, j'ai l'impression d'avoir vu ce monsieur quelque part !

Mon père, plus informé, se moqua :

– Au lieu d'utiliser cet instrument qui date de Mathusalem, vous devriez moderniser vos lunettes, ne reconnaissez-vous donc pas Mitterrand !

Nom d'une pipe ! Ça lui coupa l'appétit. Quoique le bruit occasionné par ces gens qui parlaient trop fort leur fût désagréable, déterminés à affronter la situation avec dignité ils restèrent assis, stoïques en dépit du chahut convivial de leurs voisins. Ils en étaient à la tisane quand les gardes du corps qui se restauraient à l'écart, sur un imperceptible hochement de la tête du maître, donnèrent le signal du départ, l'escortant à travers les tables vides, hors celle des parents, devant laquelle mon oncle s'arrêta pour les saluer. Là, on peut l'admirer pour sa formidable mémoire visuelle : il ne les avait entrevus que deux ou trois fois, mairie, dîner du mariage, naissance. Mon père se leva, serra la main tendue, donna des nouvelles de sa fille et de son gendre, quant à Maman, son cœur de grand-mère rempli d'amour craqua. Oubliant ses rancunes politiques, complètement illuminée dès qu'il s'agissait de ses petits-enfants, elle ne résista pas au bonheur de vanter les qualités de son dernier en les rapprochant de celles de l'oncle. Moïse devait avoir dans les dix-huit mois, mais d'évidence, il avait hérité des aptitudes intellectuelles du Président ! Celui-ci opina du bonnet d'un air entendu sans faire remarquer à cette grand-mère amoureuse que comptant déjà une trentaine de descendants en ligne directe et latérale, ce genre de refrain lui était familier.

Le lendemain, mes parents s'en voulurent d'avoir été si aimables, se rejetant la responsabilité de paroles trop flatteuses, regrettant de s'être montrés si urbains ; ils étaient au bord de la dispute. Je les ai rassurés, ils n'étaient pas les seuls à s'être fait prendre au piège ; c'était indubitable, Mitterrand ensorcelait comme une sirène, envoûtait comme un gourou.

Pour ma part, j'ai d'abord essayé de jouer le jeu en restant moi-même : pas de complaisance mais de la tolérance. Une gageure utopique qui s'est très vite soldée par un échec. J'aimais mon mari, mais pas au point de militer chez l'ennemi.

Sur les conseils du Tonton, Olivier s'était présenté dans le Vaucluse sous l'étiquette MRG. Je l'avais accompagné une fois pendant la campagne électorale, pas deux. On bouffait du saucisson avec des barbus qui cassaient du sucre sur le dos des bourges, leurs enfants étaient en CM 1 ou 2 tandis que les miens étaient en septième ou en huitième, à chacune de mes gaffes, je me rattrapais en en faisant une autre, Olivier pâlissait et serrait les dents avec courage. À la fin du week-end, j'en avais ma claque. À leurs réflexions de plus en plus hostiles, je perçus que les militants ne pouvaient pas me blairer eux non plus ! Assez perspicaces pour se demander de quel droit je venais les enquiquiner jusque dans leur fief ; chacun son monde, retournez d'où vous venez avant qu'on ne vous y renvoie avec un coup de pied au derrière ! Cette mésentente sournoise mais flagrante portait tort à Olivier, il courait à l'échec et je lui en voulais de m'obliger à courber l'échine sans me défendre.

Je préférais encore des week-ends solitaires à cette humiliation. Je le desservais, étions-nous convenus. Il n'a pas été candidat, peut-être était-ce ma faute, il ne m'en a jamais accusée. Doucement et non sans peine, nous nous adaptions l'un à l'autre. Lors de la grande manifestation à Versailles, pour sauver l'école privée, il était à mes côtés.

Et puis, la confiance qu'il accordait à son oncle passa. Il n'avait pas imaginé sa politique aussi catégorique et comprit très vite que les décisions gouvernementales détruisaient insidieusement l'entreprise dont les chefs, surchargés de contraintes et de surveillance, ne pouvaient faire leur métier convenablement. La démagogie socialiste a eu raison de l'opinion qu'il avait de son oncle, *via* son père. Je fus drôlement soulagée que la raison domine ses sentiments filiaux. En période électorale, j'avais du mal à garder mon calme. Je le préférais de mon bord que de l'autre, au quotidien c'est plus facile. Par ailleurs, j'ai eu la chance qu'Olivier n'ait pas appartenu à l'appareil politique. Ce monde-là est un marigot, personne ne résiste au pouvoir et aux commodités qui viennent avec.

Tandis que la conscience politique, c'est un peu comme la religion, on peut pratiquer séparément chacune la sienne, mais dans un couple il est plus simple d'avoir la même.

Nous étions gaullistes, certes endoctrinés par mon frère, mais fidèles. Enfants, quand les discours du Général étaient retransmis à la radio, le silence se faisait à la maison. Les parents, notre nounou, tous à la maison nous l'écoutions dans le recueillement. Plus qu'un choix politique, un sentiment, l'homme nous émouvait, sa voix, ses gestes, son humour. François Mitterrand avait défié de Gaulle, il restait l'ennemi, quoi qu'il fasse, quoi qu'il dise, chaque décision qu'il prenait au nom de la France engageait le pays dans une mauvaise voie. Notre sentiment passionnel était incompatible avec l'objectivité. De plus, nous aurions eu du mal à changer d'avis, car, lors de ses apparitions publiques, Mitterrand parlait et ne disait rien. D'une pirouette il échappait à la question dont la réponse aurait pu nous éclairer, nous séduire. En tant qu'auditeur lambda, j'avais vraiment l'impression qu'il s'amusait de la crédulité des téléspectateurs. Lors de nos contacts directs, il ne se dévoilait pas davantage, mais il était assez galant et apparemment attentif pour que s'effacent momentanément les rancunes.

Cet homme avait du génie, je ne pouvais m'empêcher de penser que si par hasard un de mes enfants recevait du ciel l'intelligence, elle serait l'héritage du grand-oncle.

Autour de moi, parmi les amis, les commerçants, les fournisseurs, personne ne votait à gauche. À se demander comment elle s'était hissée au faîte des honneurs.

Chez le boulanger, comme à l'issue des réunions de parents d'élèves, tous critiquaient Mitterrand et la « clique » qui dirigeait la France, que les gens soient ou non informés de ma parenté ne les gênait pas, privilège qui revenait à « la pièce rajoutée », car en présence d'Olivier il était rare qu'on tienne des propos défavorables à son oncle, tandis qu'avec moi on pouvait y aller tranquille. Sans doute, pour inspirer spontanément la confiance, devinait-on d'où je sortais ! Lors d'un débat politique chez le boucher, le commis, plutôt traditionaliste, avait rigolé :

– Avec vous, madame Mitterrand, on peut parler librement, on voit bien que vous êtes de chez nous !

Confrontée à la critique souvent excessive, ma situation était périlleuse. En abondant dans son sens, je faisais du tort à mes enfants, en défendant ne serait-ce que les qualités personnelles de leur grand-oncle, je reniais les convictions de ma propre famille et me reniais moi-même. Pour des ouvriers syndicalisés de père en fils, le patronat demeure l'exploiteur à abattre en dépit des liens d'amitié qui peuvent se nouer entre le patron et ses employés, ce qui arrive de désagréable sur la planète vient du monsieur en costume assis derrière un bureau à se les tourner tandis que les travailleurs, eux, triment et n'ont rien à se reprocher. À l'inverse, pour les opposants au régime, le socialisme était responsable de tous les malheurs du monde, on lui accordait une importance qu'il n'avait pas. Évidemment l'économie, les grèves, le fonctionnement des organismes publics dépendaient du gouvernement en place, mais à entendre l'opposition de base, sa puissance s'étendait jusqu'à l'absurde, même la dégradation du climat lui incombait, les calamités naturelles, la couleur du raisin…

Quand ce parti pris s'abattait sur mes petits, je voyais rouge. Si, pour un caprice, on traitait mon fils de dix ans de « sale gosse de socialiste caviar », j'intervenais comme une tigresse, non pour l'excuser, mais par souci d'équité, n'était-il pas comme les autres, juste un casse-pieds dont l'éducation n'était pas terminée ?

Tant bien que mal, j'ai essayé d'élever mes enfants sans les monter contre les uns ou les autres des camps dont ils étaient issus, davantage pour leur équilibre que par conviction, de manière qu'ils n'aient pas de complexes par rapport à leurs deux familles, leur enseignant la valeur de l'effort et du travail, le danger du racisme et de l'antisémitisme et ma foi en la construction de l'Europe. Je leur demandais de lire Zola pour comprendre que le socialisme avait eu à son époque sa raison d'être. Si certaines mesures étaient une nécessité au début du siècle, elles devenaient obsolètes avec le progrès social, à la fin du XIXe siècle, il était impératif d'accorder des congés payés, à la fin du XXe ils ne pouvaient s'allonger indéfiniment. C'était une infamie qu'un pauvre mioche travaille en usine à douze ans, mais un grand gaillard costaud, passé la trentaine, devait quitter l'université et ses cinq mois de vacances pour se mettre au boulot. J'ai une dent contre l'éternel étudiant qui profite de l'Éducation nationale pour justifier sa paresse. L'assistanat comme un dû, dans lequel la gauche voulait confiner les Français, m'énervait. Ça tue l'initiative ce truc-là, par contre je détestais les préjugés réactionnaires de certaine personne de cette « droite » dont la suffisance est parfois insupportable, en quoi peut-elle se sentir supérieure, si mal vue, si bafouée ?

En vérité, je manifestais mon opposition au gouvernement en rayant mes bulletins de vote d'un « Vive de Gaulle » enflammé.

Entre mes origines et le patronyme qui était le mien, mon opinion était obligatoirement orientée, j'étais l'hérétique des socialistes : « Évidemment elle défend son bout de gras, puisqu'elle s'engraisse sur le dos des pauvres ! » J'étais aussi la brebis noire des conservateurs : « Avec le nom qu'elle porte, elle a tout intérêt à plaider pour sa paroisse. » Est-il donc impossible de se mettre à la place de l'autre ?

Même si le point de vue de l'adversaire méritait d'être entendu, mes interlocuteurs des deux camps ne voulaient rien entendre, chacun se cramponnait à sa conviction sans essayer de se comprendre, aussi intolérants les uns que les autres ! Fatiguée de discuter en vain, je regrettais mes paroles et me jurais que l'on ne m'y reprendrait plus, je décidais de me taire mais ne savais tenir ma langue et retombais dans le piège à la prochaine occasion.

Comme pendant la « campagne politique avortée » d'Olivier, le handicap que me causait mon nom se révélait également pendant les campagnes électorales de mon frère, Jean-Philippe, conseiller du septième arrondissement pendant vingt-quatre ans. Je le soutenais par conviction, bien entendu, mais par tendresse aussi. Franchement, lui, ça l'embêtait de se trimballer une Mitterrand. Aux yeux de son équipe, c'était vraiment gênant, mais bon ! Il ne pouvait pas me noyer ! Alors il me gardait. Mon statut de « nièce de quelqu'un » nécessitait du doigté, je devais me tenir à carreau pour que ses partisans ne soupçonnent pas mon appartenance, je craignais de lui faire du tort, mais voulais conserver ma place de sœur.

En 1995, je ne m'étais évidemment pas désolidarisée, au garde-à-vous j'obéissais aux ordres de sa permanence. Quelques-unes de ses ouailles savaient qu'une de ses sœurs s'était fourvoyée chez l'ennemi mais ne lui en tenaient pas rigueur, après tout il n'y était pour rien ! On m'appelait par mon prénom, Anne-Marie, on ne fait pas plus « catho-breton », en évitant d'aborder le sujet. Je collais puis distribuais des enveloppes comme les autres. Chaque militant avait son secteur, nous partions le matin, croulant sous les tracts que nous devions placer entre les mains des passants, dans les boîtes aux lettres des immeubles, sur les pare-brise des voitures.

On m'avait confié un certain nombre de rues à proximité du boulevard Saint-Germain. À arpenter le macadam, chargée comme un baudet, en fin de matinée j'étais un tantinet ahurie, heureusement plus légère car délestée de la plupart de mes affichettes. Allez ! Courage, il m'en restait encore une demi-boîte, je décidai de terminer par cette rue à l'angle du boulevard Saint-Germain, numéros pairs et impairs et ce serait fini. On discute souvent avec les gens au cours de ces vadrouilles pré-électorales. Un fan de mon frère m'arrêta pour me dire son admiration inconditionnelle, je buvais du petit-lait, en redemandais, à l'écouter, Jean-Philippe Hubin était un genre de saint, un envoyé du bon Dieu qui aimait les gens :

– Il irradie... Il irradie..., ressassait le bonhomme.

Regonflée à bloc, je continuais mon chemin, guillerette :

– On va gagner.

Enchantée de ne pas avoir arpenté tant de rues pour des prunes, moi qui déteste la marche à pied ! Emportée dans mon élan, aux anges, je me hâtais, telle Perrette, vers cet immeuble à dix-sept boîtes dans lesquelles je glissais dix-sept enveloppes… Le suivant en comptait vingt-trois… J'avais des ailes, et dans mon emballement, je m'engouffrai sous une porte cochère, sans prêter attention à la façade.

Gloups ! Je tombai alors sur un sas vitré. D'un haut-parleur une voix m'interpella : « Qui êtes-vous ? » Je répondis en essayant de détecter d'où venait la voix.

– Pardon, excusez du dérangement, je ne fais que passer avec des petites enveloppes.

La deuxième porte de la boîte en verre s'ouvrit. Je me trouvais dans un couloir, devant une sorte de comptoir. On me reposa la même question à laquelle je répondis à l'identique. On me commanda de sortir mon passeport. Que je tirai de mon sac. J'avais une sensation bizarre, pendant qu'on auscultait mon identité, je remarquai des barbus qui allaient et venaient, j'éprouvai alors un fugitif pressentiment, tant de barbes dans un seul lieu me disait quelque chose. La dame derrière l'espèce de bar m'interrogea en pointant ma photo pourtant très ressemblante,

– C'est vous ?

Je me regarde, y aurait-il eu falsification derrière mon dos, une grosse blonde aurait-elle pris ma place ? Mais non, c'était moi, cernes sous les yeux, bouche fatiguée, un Photomaton ne fait pas de cadeau !

– Ben oui ! Qui voulez-vous que ce soit ?

La préposée se précipita vers un bureau qui jouxtait l'accueil, suivie par les messieurs qui se bousculèrent derrière elle. Je déposai sur le comptoir les affiches de mon frère que dans leur promptitude à fuir ma présence, ils n'avaient pas regardées. Attendrie, je le trouvais très digne à côté de Frédéric Dupont dont il était le suppléant, le plus vieux député de France, sacrément à droite. J'espérais ne pas poireauter cent sept ans, ils m'embêtaient, ces gardiens zélés, avec leurs investigations. C'était l'heure de déjeuner, j'avais faim, jusqu'à quand devrais-je patienter ? Peut-être avaient-ils disparu à jamais, mais non, les voilà qui revenaient à la queue leu leu, impressionnés et respectueux, attention, ils ne rigolaient pas, plutôt le style « l'heure est grave ». Instinctivement, je reculai. Que me voulait-on ? Allait-on me passer les menottes ? Étais-je passible d'une faute, de prison ? J'avais le cœur qui battait. Comment avais-je pu déclencher ce mouvement ?

– Madame Mitterrand, si vous voulez bien, monsieur le secrétaire de cabinet Untel aura l'honneur de vous recevoir....

– Merci, mais je ne veux déranger quiconque, juste déposer quelques prospectus...

Mais non, il n'en était pas question ! On m'offrait un café, on se confondait en courbettes, on m'entretenait avec civilité de lointains parents. L'un d'entre eux avait eu la joie de rencontrer la fille du marchand de Cognac... L'autre était en relation avec un cousin député... Un troisième c'était la tante de l'Ardèche, lui, qu'il fréquentait...

Je ne comprenais absolument rien ! Que m'importait cette liste de gens, comme si je devais les connaître ? Qui donc logeait en Ardèche ? Qui vendait des liqueurs dans mon entourage ? Ah oui ! Une belle région... Non, je ne buvais pas de café... Je me cramponnais au guéridon, craignant d'être entraînée par tant d'enthousiasme. Toutes ces congratulations ne me disaient rien qui vaille. « Si madame Mitterrand veut bien nous suivre vers la grande salle... » Et la déférence ! Et la politesse !

Soudain, illumination ! Étais-je crétine ! Je m'étais gourée de porte ! Je me trouvais au siège du Parti socialiste, rue de Solférino, et ce grand nombre de messieurs réfractaires au rasoir étaient des socialistes purs et durs.

La gorge nouée, les genoux tremblants, je désignai la dizaine de papillons éparpillés sur le comptoir ; militante fidèle, je balbutiai les qualités de mon frère, en son nom, j'acceptais même les voix de gauche, moi-même j'étais pourtant la nièce de François, mais n'avais pas honte de penser comme il fallait, « conservateur » bien entendu !

C'était quoi ce bazar ? Étais-je une espionne ? Les mecs, à comparer le tract puis mon visage, mon visage puis le tract, ils en louchaient.

Ça allait virer au vinaigre ! J'arrachai mon passeport des mains d'un gardien, ramassai en tremblant les preuves de mon indépendance politique et m'enfuis comme une voleuse. Les yeux ronds, les barbus étaient trop abasourdis pour me retenir. J'ai couru jusqu'à mon frère pour le supplier de me pardonner d'avoir brisé sa carrière. Il n'a jamais tant ri. Depuis toujours je n'avais pas le sens de l'orientation, il faudrait que j'apprenne enfin à me diriger.

En dépit de ma participation, il fut élu dans notre quartier.

Si je contribuais, maladroitement il est vrai, à la lutte contre la gauche, sitôt rentrée à la maison, j'endossais la panoplie de mère dont l'équité ne devait se démentir. Évidemment, il m'échappait des remarques et des constatations à l'encontre de l'adversaire, cependant je tentais d'enseigner à mes fils que le nom de Mitterrand n'était ni un honneur dont on se vantait, ni une croix à porter ; c'était leur nom, un point c'est tout.

Mon père disait que l'homme avait dans sa vie trois pôles dont il ne devait en aucun cas se départir : sa patrie, sa religion et son nom. Vu l'accroissement de la longévité, mes garçons auraient à l'assumer pendant un bout de temps, autant qu'ils s'habituent dès leur plus jeune âge.

Mon fils Moïse avait trois ans quand, par un beau jour de printemps de 1983, devant chez nous défilèrent des sidérurgistes en colère qui hurlaient leurs revendications en scandant « Mitterrand fous le camp ». En France les grèves appartiennent au quotidien, d'accord ou pas, il est dans les coutumes d'en accepter les désagréments sans se dresser pour autant contre la CFDT ou le PC, ils veulent la retraite à cinquante ans, puis à quarante-neuf, quarante-huit, ainsi de suite, ils gueulent, on lâche un an, alors ils regueulent. Quand ce n'est pas la retraite, ce sont les heures de travail. Stoïque, le Parisien va à pied faute de transports en commun et ma mère est ravie de servir de chauffeur aux piétons. En ce joli mois de mai, ils étaient nombreux à réclamer à l'unisson des sécurités infaillibles et des droits éternels. Les quatre mots sans cesse répétés, « Mitterrand fous le camp » raisonnaient dans la maison. Moïse jouait par terre dans mes pieds, silencieux, il n'ennuyait pas les grandes personnes avec une avalanche de questions inutiles que je limitais à cinq par enfant et par jour, afin qu'ils en écoutent les réponses au lieu de se précipiter sur un nouveau sujet qu'ils n'approfondiraient pas davantage. Il orthographiait son nom, deux T, deux R, mais ignorait que son grand-oncle était président de la République. Sous sa frange blonde, il leva vers moi ses beaux yeux clairs :

– Qu'est-ce qu'ils nous veulent ? me demanda-t-il, croyant que les slogans nous étaient destinés.

Nous ne sommes pas en cause, l'ai-je rassuré sans me lancer dans la politique avec un enfant si jeune. J'ai fermé les fenêtres, allumé la télé, Goldorak ferait oublier à mon petit garçon ses inquiétudes justifiées. J'ai monté le son pour qu'il n'entende plus maltraiter son nom.

Quelques mois plus tard, septembre arrivait et le premier jour d'école, il n'avait pas encore quatre ans. Nous étions convenus, après de longues discussions, avec la directrice de l'école privée et non religieuse où je l'avais inscrit, de l'appeler provisoirement par son prénom, afin de laisser à l'équipe pédagogique le temps de lui apprendre à assumer son patronyme. Sous la houlette d'une vieille institutrice, il rentra dans le rang. Je le vis s'éloigner tout beau, si mignon avec son blazer et sa cravate écossaise. Je rentrai chez moi, le mouchoir sur le nez, triste de perdre mon troisième malgré l'arrivée imminente d'un quatrième ; c'était notre seconde séparation, la première ayant été sa naissance. Alors que je vaquais tristement à mes occupations ménagères, le téléphone sonna ; j'étais convoquée de toute urgence aux Moineaux. Mon sang ne fit qu'un tour. Était-il malade ? Non, c'était plus grave, on allait m'expliquer. En dehors de la santé, rien n'est grave, restons calme. On me fit asseoir dans le bureau de la directrice, l'antique maîtresse d'école de mon fils était présente, très agitée, elle levait les bras au ciel en de grands signes d'impuissance, poussait de gros soupirs désolés, ne savait par où commencer. On me fila un verre d'eau pour que je tienne le choc. Que s'était-il passé ? J'avais hâte que Moïse me saute au cou, ses petites jambes nouées autour de ma taille.

Sans doute avait-il prononcé un gros mot, ses aînés se donnant un mal de chien pour les lui apprendre par cœur !

Mademoiselle Jeanne, surmontant sa douloureuse stupéfaction, m'apprit enfin la terrible vérité. Lorsqu'elle demanda à mon fils :

– Et toi mon petit gars, comment t'appelles-tu ?

L'enfant avait répondu tranquillement :

– Mitterrand Foulecamp.

CHAPITRE 9

DIEU, QU'ELLES ÉTAIENT JOLIES, LES GARDEN-PARTIES DE L'ÉLYSÉE !

Les nations n'ont de grands hommes que malgré elles – comme les familles.
BAUDELAIRE

Chaque mois de juin, François Mitterrand invitait sa famille à l'Élysée pour une garden-party informelle. C'était l'occasion de rencontrer oncles, tantes et cousins de mon époux réunis au complet.

La première fois, je m'y étais rendue avec des pieds de plomb, je redoutais de passer une soirée avec des inconnus qui certainement allaient me tirer une tronche glaciale, ce qui me déstabiliserait immanquablement. Chez mes parents, nous vivions dans un pathos permanent. Aveux brûlants, déclarations enflammées et prises de position paradoxales, disputes et réconciliations mélodramatiques se succédaient. Nos scènes viraient au bouffon, un étranger nous aurait pris pour des timbrés. J'étais habituée à notre mode d'expression, les certitudes en sentiments sont confortables.

Dans la famille Mitterrand, on refoule, on enfouit, on occulte. Même mes beaux-frères, qui pourtant s'épanchent plus facilement que les autres, ne se livraient pas. Parfois je leur posais la question : « Est-ce que tu m'aimes ? » Surpris, ils me répondaient que oui, ils m'aimaient bien. Je me sentais plus tranquille. C'est difficile pour une expansive de s'adapter à des manières réfrigérantes.

Les Mitterrand sont terriblement froids. Marqués par l'empreinte du grand-père Joseph, ils maîtrisent leurs émotions de père en fils, ce qui leur donne une apparence dure et sèche. Tout au long des années de vie commune, Olivier ne prit jamais aucun plaisir à me parler, un taiseux chronique ! En public, il faisait un effort, avec sa moitié il se laissait aller à sa vraie nature. La leçon d'humilité était pénible. Comment traduire son silence ? Étais-je si ennuyeuse ? Était-ce viscéral ? Ne pensait-il rien ? Cachait-il des trahisons ? Était-il fatigué ? Ma faute, la sienne ? Autant de questions qui me minaient. « Raconte-moi quelque chose », l'implorai-je. « Quoi donc ? » me répondait-il gentiment. Rideau. On se croisait dans la chambre, la salle de bains, sans proférer un son, des carpes dans un bocal ! J'adore les mots, mots d'esprit, mots d'amour, tendres mots, tout me va pourvu qu'on m'en dise ; le sel de la vie ! J'insistais, réclamais un dialogue, une réponse, au moins la fin d'une phrase bougonnée avant d'en oublier le début ! Impossible de lancer une conversation, quel qu'en soit le sujet, elle tombait à plat ! À table, moment qui devrait être convivial, ouvert à la discussion, il me demandait si j'avais bientôt fini de manger dès les hors-d'œuvre. Je me fâchais, exigeais : « Parle-moi. » J'aurais pu le battre, je m'énervais, râlais. Il haussait les épaules, mon univers de « fourmi » était trop éloigné de ses pensées pour qu'il y prête attention ! Nos tête-à-tête aphones me paniquèrent dès le début de notre existence commune. Le secret instauré comme une éthique est étouffant, on devient méfiant, soupçonneux, dix ans plus tard on se retrouve comme deux étrangers installés l'un en face de l'autre, chacun dans la dissimulation de ses pensées, et par-dessus le marché, on s'embête atrocement ! Je n'eus d'autre choix que de renoncer à lui réclamer des conversations, et me débrouillai comme une grande pour m'estimer à ma juste valeur, sans me prendre pour un insecte.

Être renfermé comme le sont les Mitterrand est peut-être propre à leur nature. À mon sens, c'est une marque de mépris à l'égard de l'autre ; ce qu'ils auraient à dire était-il trop transcendant pour être compris par le commun des mortels ? Je finissais par en faire un complexe ! Il me suffisait de passer pour une idiote à la maison sans avoir à subir la supériorité de l'armée de muets à l'image de mon époux qui m'attendaient à l'Élysée ! Non, je n'irai pas ! Je préférais m'enfermer dans une bouderie hautaine que tenter de séduire des gens glacés qui pesaient leurs mots et mesuraient leur étreintes. Les prétextes affluaient… Mauvais évidemment ! En leur compagnie, j'aurais l'impression d'être vulgaire tant ils étaient hiératiques… Certainement, la cérémonie serait compassée, et moi, j'adorais les fêtes qui s'achevaient à l'aube dans la danse et les chansons, surtout les bals musettes où des hommes un peu ronds, les bons vivants, les épanouis, les sensuels vous invitent à danser en s'inclinant sur votre main et vous serrent de près pour virevolter sans bouger le haut du corps. Si souples et ondoyants, ils vous emplissent la tête de belles images et vous emportent vers du bonheur… Non ! Raide comme des piquets, pas un Mitterrand ne m'entraînerait sur une piste de danse pour me faire rêver.

Le Président supervisait les travaux de l'opéra Bastille, mais détestait la musique ! J'en étais sûre, il n'y aurait pas de farandole à l'Élysée… Assise sur une banquette, j'allais m'embêter… Je n'irai pas me jeter dans la gueule du loup… Pour eux, j'étais l'intruse, la mésalliance ! « Mon petit bâton de chaise », me disait gentiment mon mari…

Sauf exception, mes résolutions négatives sont aussi violentes qu'éphémères ! Évidemment je me suis soumise, madame Olivier Mitterrand avait un rôle à tenir et je me rendis au palais de l'Élysée en m'efforçant de n'être ni éblouie ni trop à l'aise.

Quand on redoute une situation on se fait des idées fausses. À peine étais-je dans les lieux que les sœurs de François aussitôt me firent bon accueil, Marie-Josèphe, Antoinette, Colette, Geneviève et leur cousine germaine tante Lolotte qui ayant été orpheline encore enfant avait été élevée par Yvonne et Joseph, les parents.

J'ai répondu positivement aux treize invitations suivantes que déposait à notre domicile un motard en uniforme. Ainsi, je donne raison à ceux qui m'accusent d'avoir profité du régime, j'avoue avoir apprécié la gaîté de ces rendez-vous annuels. On n'y discutait pas politique, ça change tout !

Je peinais à mettre un nom sur les visages d'innombrables apparentés, mais j'ai tout de suite été séduite par les frères et sœurs de la génération des seniors, plus aisément reconnaissables par leur ressemblance ; sauf la déférence que je dois aux anciens, par la taille du nez et la forme de la bouche, on pouvait les repérer facilement, ils formaient un noyau au milieu des descendants plus jeunes et des intimes du Président, que je croyais connaître tant je les voyais souvent à la télé. Oncle François me montrait de la sympathie, les enfants couraient dans le jardin, le buffet était délicieux, nous passions un moment hors du temps dans une atmosphère un tantinet provinciale pour moi qui suis une Parisienne de souche, mais tout à fait détendue ! Et l'on s'amusait beaucoup à écouter les pionniers ! François, ses frères et sœurs évoquaient le passé à Jarnac, les années de pension de l'un, l'arrivée à Paris de l'autre, ils étaient drôles ! Jacques aurait dû s'engager dans une troupe de théâtre, pince-sans-rire il racontait les menus événements de naguère avec tant d'humour qu'on se serait cru au spectacle. La cousine Lolotte lui renvoyait la balle avec ce franc-parler bien français qui fait rire. Désopilante la tête du président de la République se laissant morigéner sans piper, levant à la dérobée les yeux au ciel, par sa grande sœur Marie-Josèphe qui logeait à l'Élysée quand elle était de passage à Paris et dont il ne parvenait pas à régler les innombrables litiges qui l'opposaient au préfet de son département.

Marie-Josèphe avait un sacré tempérament. Par la suite, j'allais parfois lui rendre visite dans l'appartement qu'elle occupait à l'Élysée. Elle m'entretenait d'abord des tracas ménagers auxquels elle se heurtait au Palais, déplorant l'absence d'une maîtresse de maison qui aurait pu améliorer les choses. Les cuisines étaient éloignées de ses appartements, le personnel ne répondait pas assez vite à ses exigences, bien que le goûter qu'on nous servait fût délicieux, je n'osais la contrarier. Ensuite elle râlait à propos du tapis déchiré dans le couloir, elle avait failli se casser la figure, insensé qu'il ne soit pas changé, elle en avait pourtant parlé au majordome ! Pour avoir l'air de compatir, je suggérais un avis superfétatoire, certainement un budget moquette allait être mis en place… Puis sans transition, tante Marie-Josèphe évoquait ses projets littéraires ; peut-être pourrais-je l'aider pour la mise en pages de son prochain ouvrage, car elle était peintre avant tout et n'avait pas le temps de cumuler écriture et peinture. J'aurais été ravie de travailler avec elle car elle était vraiment marante, mais en dépit de ma bonne volonté, je ne parvenais pas à saisir le sens qu'elle désirait donner à un roman, tant ses descriptions étaient touffues, ses souvenirs en désordre et son imagination prolifique ; absolument impossible de déterminer par quel bout on pouvait commencer. Lorsque je suggérais qu'il faudrait organiser le déroulement logique d'une histoire, elle balayait mon intervention d'un geste, « On verra ça plus tard, pour l'instant, écoute-moi ». Ça tombait bien, j'adorais l'écouter !

Contrairement aux garçons économes de paroles, leurs sœurs étaient prolixes, trois d'entre elles étant les aînées des garçons, elles avaient dû couper définitivement le sifflet des cadets. Les « filles » pouvaient parler des heures sans s'arrêter, leurs frères ne les interrompaient pas, poliment ils se laissaient bercer par leur bavardage. Les souvenirs défilaient, authentiques, à travers lesquels, nouvelle venue, je découvrais ma belle-famille. Bien avant que Robert ne publie son livre, *Frère de quelqu'un*, ce fut tante Colette qui m'apprit que les Mitterrand appartenaient à la petite bourgeoisie provinciale, mais « éclairée », revendiquait-elle, très fière. Son père, Joseph, rejetait les conventions étriquées de son milieu ; ingénieur, il ne se choquait pas que sa fille envisage des voyages, veuille se lancer dans le cinéma, il n'avait rien contre les intellectuels et savait écouter les aspirations de ses enfants. Il gagnait correctement sa vie, des bonnes à la maison permettaient à la mère de veiller sur chacun des siens individuellement, sans être assujettie aux lourdes besognes de la ménagère.

Au cours d'une rencontre familiale à Jarnac, nous fûmes invités à visiter la maison. Il y demeurait encore une odeur de sérénité, comme si la maîtresse des lieux avait laissé son empreinte. Les descendants se recueillirent dans la grande chambre de madame Mitterrand, devant le lit où elle avait donné le jour à ses enfants. D'abord le chef de file par son importance, oncle François, ensuite ses trois frères, ses quatre sœurs et leur cousine germaine tante Lolotte, puis nous autres tassés derrière jusque dans le couloir. Dans cette ambiance de sanctuaire, on s'attendait à ce que François récite le *Je vous salue Marie*, ce dont il s'abstint, mais l'attitude y était. Tête baissée, comme à la messe, il s'absorba religieusement dans ses pensées. Il se dégageait de ce retour vers le passé du respect, un immense respect, pour celle qui avait peut-être rêvé de construire une dynastie.

Chaque mère en mettant un enfant au monde se jure de le mener au triomphe. Dans cette chambre austère, une mère encore essoufflée par l'accouchement avait-elle aussi nourri de grands espoirs pour ses garçons ? En tout cas bravo, Yvonne Lorrain-Mitterrand devait être une femme exceptionnelle pour que ses petits devenus vieux se montrent mutuellement tant de tendresse. Certainement était-elle très intelligente pour les avoir guidés vers la réussite sans créer de jalousies entre eux. Quelle est la mère qui peut se prévaloir d'un fils général, d'un autre polytechnicien et d'un président de la République, tous restés profondément liés en dépit des divergences d'opinion. Du haut du ciel, elle devait se féliciter que leur amour réciproque ait supplanté le pouvoir et la politique.

Les huit frères et sœurs et tante Lolotte avaient été élevés ensemble et se voyaient souvent sans leurs enfants, en dehors des soirées du mois de juin, que ce soit en Charente, chez Philippe ou à Paris chez tante Geneviève. Ils ne se lassaient pas de revenir au temps jadis, l'époque bénie de leur jeunesse. L'esprit de corps qui régnait entre eux ne se démentait jamais officiellement, jusqu'à assumer de concert la mauvaise foi ou l'erreur, fût-elle évidente, d'un des leurs.

Pour la victime qui osait réclamer justice à l'un des neuf, il n'y aurait point de salut, toute la tribu lui sautait dessus, comme le témoigne une scène à l'Élysée dont je fus la spectatrice.

Lors d'une garden-party annuelle, je parlais avec une cousine, pas une étrangère comme moi, une vraie, de souche, nièce directe de François. Sa fille était morte quelques mois auparavant, par une nuit glaciale de janvier. On avait retrouvé son corps sous la tour Eiffel. Après avoir escaladé un des pylônes, elle se serait jetée dans le vide. Bien que le scénario parût un peu bizarre, une investigation approfondie fut alors écourtée. Un vague entrefilet dans les journaux, un enterrement dans l'intimité, des condoléances feutrées, une masse de non-dits et la vie continue. Pas de souffrance pire que de perdre son enfant, sinon celle de le perdre par son suicide. Au manque s'ajoute une lancinante culpabilité.

Je suis nulle pour réconforter une personne en deuil d'un être aimé, aucun boniment ne sort de mes lèvres avec naturel. Même avec un chien la rupture définitive est dure, cependant une bête se rachète. Le petit qu'on a porté dans son ventre et qu'on vous enlève pour le jeter dans un trou noir ne se remplace pas. Ma compassion était immense pour cette malheureuse qui s'échinait à prouver l'exactitude de son hypothèse :

– Ma fille ne s'est pas tuée.

Où était la vérité ? J'avais les larmes aux yeux, mais j'étais sans paroles. La pauvre femme m'implorait :

– Toi tu as une fille, tu me comprends…

Certes, son enfant, comme toutes les jeunes filles, avait parfois du vague à l'âme, mais en aucun cas elle n'aurait mis volontairement fin à ses jours, elle en était certaine. La petite avait été assassinée et l'affaire étouffée pour éviter de faire des vagues autour du Président. Assommée par la nouvelle, je demeurai stupéfaite. Si cette version était justifiée, moi je ne me serais pas gênée pour en faire, des vagues, une tempête, un cyclone, pour révéler l'horreur et venger ma gosse. Avait-elle des ennemis ? Y avait-il eu une enquête ? Pourquoi avoir attendu six mois ? J'ignorais tout des circonstances du drame, les détails, les invraisemblances, les évidences… Debout dans un cocktail, un verre de champagne à la main, que dire, que répondre à une si grave accusation ? Certes, je devais aider cette femme écrasée par le poids de sa faute imaginaire, mais comment ? Je murmurai qu'elle ne pouvait être coupable, mais si une telle supposition – le crime qu'elle évoquait – s'avérait, il fallait donner suite. Moi-même n'étant pas qualifiée, toutefois, il y avait de quoi s'interroger, consulter, se renseigner... À quelques mètres de nous deux, oncle François bavardait avec sa sœur Antoinette. Soudain, leur nièce commune, sa douleur ravivée par notre conversation, oublia les conventions, le lieu où nous étions, les gens qui l'entouraient et son respect de la hiérarchie pour se précipiter sur le Président, agripper la manche de sa veste et le supplier d'avouer la vérité.

– J'ai le droit de savoir, répétait-elle.

Comme une gourde, j'étais impressionnée par le statut du haut personnage et la soutenais trop discrètement.

– C'est vrai, elle a le droit de savoir..., balbutiai-je.

Saisie, hébétée, le cœur transpercé par la pitié et consciente de me mêler de ce qui ne me regardait pas, je manquais de virulence, et pourtant j'en tremblais intérieurement. Et si c'était moi ! Mes chéris, mes amours, que le ciel vous protège. J'étais bouleversée.

Pour cette mère qui s'en prenait à qui lui tombait sous la main, fût-ce le Président, afin de se décharger de ce qu'elle ne pouvait endurer, pour cette cousine par alliance que je soutenais mollement, c'était trop tard, son enfant ne lui expliquerait jamais, ne l'absoudrait jamais. Quelle misère, mon Dieu, quelle misère.

François Mitterrand, visiblement, était pris au dépourvu. Habituellement protégé par ses gorilles, sans doute n'avait-il pas l'occasion de se faire agresser. Il aurait pu apaiser la souffrance de sa nièce en la prenant dans ses bras, en caressant ses cheveux, lui fournir des condoléances bien tournées, un peu d'humanité. Rien. Visage crispé, lèvres serrées, le Président organisait son repli, comme pour se soustraire à la vue d'un spectacle indécent.

On ne saura jamais si les Mitterrand sont bons car ils ne savent pas s'exprimer. Des handicapés de la communication sentimentale.

J'avais l'impression d'un ralenti cauchemardesque, j'allais me réveiller de cette scène absolument incongrue sous les plafonds lambrissés de l'Élysée.

Ce bonhomme qui levait quasiment le coude comme pour se protéger d'une gifle n'était pas François Mitterrand, ce n'était pas lui qui bafouillait des onomatopées : « Mais qu'est-ce que c'est ?... Quel est le problème... De quoi s'agit-il ? »

Juste une mère dont l'enfant est mort ! aurais-je pu l'informer, si j'avais eu le sens de la repartie.

Tante Antoinette immédiatement s'érigea en bouclier entre son frère et la malheureuse. Si charmante et intelligente d'habitude, elle se fit dure pour secourir son frère.

– Allons, disait-elle à sa nièce, du calme, moi aussi j'ai perdu un enfant, c'est la volonté de Dieu, ce sont des choses qui arrivent...

Comme si le malheur de l'autre pouvait apaiser !

Vite, on protégea le grand homme, vite on éloigna l'importune qui continuait à exiger la vérité qu'elle désirait entendre. L'incident fut clos en trois minutes. Je restai plantée devant le buffet.

Avocate médiocre, je regrettai aussitôt de ne pas m'être constituée partie civile. Ce n'est pas une excuse, mais je n'en menais pas large, j'avais la bouche sèche et les tempes bourdonnantes. Ces façons de faire me déroutaient. Si un meurtre était la cause de la mort d'une personne, il était normal qu'on en cherche l'auteur ! Me sentant embringuée dans une intrigue qui me dépassait, je tentai de me défiler pour me retirer dans un endroit tranquille où reprendre contenance. C'est alors que tante Antoinette, à nouveau très aimable, me retint pour m'expliquer que la douleur d'un deuil récent pouvait mener à l'absurdité... Évidemment, une instruction avait prouvé l'incohérence des folles supputations de sa nièce, une mère à la dérive... Tout ça ne méritait pas tant d'importance... Il ne fallait plus y penser... Le contexte quasi policier du différend dont j'avais été le témoin involontaire s'y prêtant, je m'attendais à ce que le silence me soit recommandé, et comme il ne le fut pas, j'en conclus que les soupçons de la cousine si désemparée devaient être sans fondements. Y en aurait-il eu, des fondements, que fait-on contre la force et le pouvoir ?

Je me demande encore si Marie-Josèphe, à la fois sœur du Président et grand-mère aimante de la jeune fille dont la fin fut si tragique, s'était entretenue dans l'intimité du drame avec son frère François. Lui avait-elle fait confiance ? L'avait-elle accusé ? Était-elle d'accord avec l'explication publique ? Aucun affrontement entre Marie-Josèphe et François ne fut évoqué, les frères et sœurs Mitterrand étaient solidaires envers et contre tout, même contre leurs propres enfants. Mon beau-père, Robert, n'aborda jamais le sujet devant moi. De toutes manières, il se rangeait à l'avis de son frère quoi qu'il advienne. Mon mari considérant que cette terrible histoire ne nous regardait pas, nous n'en parlâmes plus.

Les aînés ne firent rien pour transmettre leur formidable solidarité. Autant il étaient liés, autant leurs descendants ne l'étaient pas. Madame Joseph Mitterrand n'avait pas réussi la continuation de sa descendance. Probablement était-elle partie trop tôt. Il n'y aurait pas de dynastie Mitterrand.

Mon beau-père et ses deux épouses successives s'étaient depuis longtemps éloignés de leur milieu d'origine. Ils s'étaient fait des relations dans un autre monde plus argenté, plus snob, ils habitaient le seizième. Robert, seul pour élever ses garçons, avait engagé une gouvernante rigide pour inculquer à ses fils dès leur plus jeune âge les manières de la bourgeoisie parisienne auxquelles lui-même n'aurait pu les initier puisqu'il les ignorait. Ils partaient en vacances dans le Midi ou à Deauville, allaient aux sports d'hiver à Val d'Isère ou bien à Gstaad, beaucoup plus chic, l'été en Angleterre et terminaient leurs études aux États-Unis. Il n'y avait aucune chance pour qu'ils croisent leurs cousins germains, avec lesquels ils ne partageaient ni les établissements scolaires, ni les loisirs, ni les ambitions sociales de la branche de Robert.

Déjà mariée depuis plusieurs années, je conviai à une fête de famille les fils de François, que je ne connaissais pas encore.

Comme je ne me souvenais toujours pas des prénoms de la centaine de personnes que j'accueillais, chaque invité, conscient de mes hésitations, m'expliquait gentiment de quelle lignée il descendait. Rien n'est plus fastidieux et plus répétitif qu'une généalogie dans le bon ordre, mais au moins ça meuble la conversation. En ouvrant la porte au énième cousin, déjà saoule des explications précédentes, je m'apprêtais à l'interroger d'un ton joyeux, impatiente de découvrir par quel biais nous étions alliés ! J'aurais proposé à ce cousin-là de recevoir la communion par un prêtre en soutane, il n'aurait pas été plus éberlué. Non mais ? Ne le reconnaissais-je pas ? Je devais être fatiguée, les sandwichs à tartiner, le beau buffet à dresser, les enfants qui s'étaient certainement disputés, j'avoue sincèrement que le visage de cet invité ne me disait rien, ni en bien ni en mal, juste rien.

– Je suis le fils.

Ils en ont tous trente-six, des fils, mais au ton victorieux, je réalisai tout de suite que celui-là, c'était du sérieux. Je me confondis en excuses. Naturellement exagérées, les excuses. Il y a des individus modérés, hélas, je n'en suis pas.

– Pardon… Excusez-moi de m'excuser… Je ne lis pas les journaux… Je manque à tous mes devoirs… J'aurais dû… Pas dû…

Le cousin en mettant dans son regard un maximum de mépris coupa court à mes dénégations obséquieuses. « C'est qui cette gourde ? » l'ai-je entendu penser.

Ayant la répartie lente, elle ne vint pas ! Je n'osai lui rappeler que le fils de l'oncle de mon époux n'occupait pas le centre de mes pensées ! Prise par surprise, je manque de répondant, Sainte Vierge, les bonnes habitudes mettent du temps à se perdre ! Qu'allait-il imaginer ? Ma curiosité déplacée n'était due qu'à la politesse de l'hôtesse envers l'hôte, personnellement je me fichais éperdument de quelle espèce d'arbre il était tombé, ce Gilbert.

Je n'avais de relation régulière qu'avec mes beaux-frères, Frédéric et Jean-Gabriel ; très proches de mon mari, tous les deux tiennent une place à part dans mon cœur. Si je suis réfractaire aux sentiments commandés, eux, je les aime. Autrement je n'ai pas réussi à nouer une amitié durable au sein de ma belle-famille. Certes, ce sont des gens cultivés, intelligents, mais si distants ! Dissimulés aussi ! Je ne savais sur quel pied danser.

Lorsque nous nous sommes mariés, je m'étonnai qu'Olivier ne possède aucune photo de ses grands-parents. En n'exposant sur les murs de notre maison que mes propres ancêtres, j'avais l'impression de détourner mes enfants de leurs origines mitterrandiennes. Pour leur équilibre et par bonne conscience, j'ai demandé à mon beau-père de me confier quelques négatifs, il mit des semaines à en extraire quelques-uns des cartons où ils étaient enfouis, me les confiant avec réticence. Il balaya d'un geste désabusé l'intérêt que ses petits-fils pouvaient trouver à ces témoignages surannés et je dus lui expliquer combien les racines étaient importantes pour se forger le caractère et, dans leur cas un peu particulier, puiser dans le passé de leurs aïeux de quoi garder la tête haute face aux reproches qu'ils auraient certainement à affronter au long des années à venir. Quand on a la chance ou la malchance d'avoir un nom qui revient dans tous les livres d'histoire, il en est dit du bien et du mal.

Je crois que Robert ne se sentait chargé d'aucune responsabilité envers les enfants de ses trois fils ; il n'a jamais pris la peine de raconter à Moïse et Maël les secrets du milieu provincial dont ils étaient issus, il ne leur parlait pas de lui, de sa jeunesse, ne les emmenait pas se promener, leur accordait un intérêt lointain. Les occasions de faire connaissance étaient pourtant nombreuses, et Olivier essayait de les favoriser, mais chaque fois le projet capotait.

Notre dernier venait de naître, lorsque par l'indiscrétion d'un entrepreneur nous avions appris que Robert et son épouse s'étaient aménagé, à la montagne, une résidence secondaire à moins d'un kilomètre de la nôtre. Si mon père avait oublié de me prévenir qu'il faisait construire à cinq cents mètres de chez moi, j'en serais tombée raide, puis j'aurais exigé une explication serrée, mais l'indulgence de mon époux à l'endroit de ses parents était à toute épreuve. Un instant décontenancé, il se reprit aussitôt pour se réjouir de la bonne idée. Moïse et Maël allaient découvrir leur Papy ! Olivier était ravi, dans la belle région de Savoie, le mélange des générations se ferait plus facilement. Au coin d'un feu de bois, dans une atmosphère chaleureuse, ce serait joli de remonter le temps, chaque chérubin assis sur un genou du grand-père. Certainement il raconterait avec le talent qui était le sien les belles aventures qui avaient jalonné sa vie, les garçons seraient fiers, et le papy Mitterrand un vrai bon-papa comme le désirait si fort mon mari.

Un soir de Noël, nous étions donc aux sports d'hiver, mon beau-père, son épouse et ses enfants devaient réveillonner de leur côté, Olivier, moi et nos deux derniers bambins du nôtre. Évidemment, mon mari proposa de partager le foie gras soit chez eux, soit chez nous, ce à quoi lui furent opposés mille prétextes… L'âge des petits…. L'étroitesse de leur salle à manger… La neige qui tombait… La voiture qui patinait… Nous n'avions qu'à passer après le dîner. Moi, j'appelle ça être invitée en « cure-dents ». En dépit de nombreux séjours dans le même village savoyard, mes fils n'ont jamais pris un repas de Noël commun avec Papy Robert ; ils se contentaient des miettes de bûche. Les petits sont devenus grands sans parvenir à fixer une heure de visite qui convienne à Robert.

Quand ils étaient très jeunes, je craignais que d'être ainsi éloignés de leur grand-père ne constitue un manque nuisible à leur épanouissement et lui en ai voulu de les spolier de sa culture, de son intelligence. Comme toute mère je souhaitais le maximum pour mes enfants, plus ils étaient aimés, entourés, instruits, plus j'étais contente. Robert était un génie en calcul mental, il aurait pu leur en donner le goût. Dans ses voyages officiels avec le président de la République, il côtoyait les grands de ce monde, les garçons se seraient intéressés à ses impressions en direct… Ils ne risquaient pas d'en tirer un enseignement, car en dehors de quelques brèves entrevues conventionnelles, jamais un signe.

À la maison, je vantais les qualités d'élève studieux qu'avait jadis montrées leur grand-père afin qu'ils aient à cœur de lui faire honneur ; je les embêtais. Je compris qu'il n'évoquait rien pour eux quand mon dernier, Maël, alors âgé de six ans, réfractaire aux tables de multiplication que Papy récitait pourtant dans tous les sens, à l'envers comme à l'endroit, justifia sa distraction en réfutant énergiquement l'exemple que je le poussais à suivre.

– Moi, je ne le connais pas ce papy Robert-là, peut-être bien qu'il est mort !

Pour atteindre la table des 9, j'avais intérêt à trouver un moyen plus concret pour le motiver.

Les divorces et remariages ne favorisent pas les liens du sang. Robert, le père de mon mari, s'était construit un nouveau foyer avec enfants et petits-enfants. Quant à sa mère, après s'être remariée deux fois avec des hommes au demeurant charmants avec lesquels nous entretenions de bonnes relations, elle vécut ensuite avec un nouveau grand-père très gentil aussi. Moïse et Maël avaient du mal à s'y retrouver parmi tous ces messieurs rarement entrevus, tout comme Robert Mitterrand était débordé par le nombre de ses descendants frôlant la vingtaine. Ou bien étais-je la grande responsable de la sécheresse des rapports interfamiliaux, étant la « mal-née » des Mitterrand, la conscience de leur importance les empêchant de s'accommoder d'une pièce rapportée dont les origines politiques divergeaient des leurs ? Une chose est certaine, on me supporta à peine poliment et personne ne tenta de m'apprivoiser. À leur décharge, je me contentais de respecter les usages en évitant prudemment de m'infiltrer avec mes enfants à l'intérieur d'une citadelle où nous n'aurions pas été les bienvenus. Étais-je exagérément susceptible ?

Il devenait alors normal que les petits Mitterrand choisissent mon camp, ils y étaient si aimés. Mon cher père se consacrait également à ses neuf petits-enfants, il réclamait leur présence, heureux de leur conter l'histoire de France, son respect pour la royauté, et les vertus ou faiblesses de la bourgeoisie dont ils étaient les héritiers. Nos enfants sont plus attachés à ma famille qu'à celle de leur père, ni regret, ni satisfaction, c'est une constatation qu'Olivier fait aussi et ne me reproche pas. Ils ne sauteraient pas un week-end chez Bonne-Maman avec les cousins-cousines, et m'envoient sur les roses quand je leur conseille de s'intégrer avec un peu d'enthousiasme à ceux dont ils portent le patronyme.

Hors quelques rencontres solennelles çà et là, mes fils ne pourront se prévaloir de souvenirs intimes concernant leur ascendance paternelle. Plus de trois cents livres ont été écrits sur Mitterrand. Il leur sera facile de se documenter.

Après la disparition de François, les membres de la génération suivante cessèrent pratiquement de se fréquenter. Les invitations furent suspendues, les rencontres désormais dues au hasard s'espacèrent, les liens fragiles qui unissaient les cousins germains s'altérèrent, sans brouille ni dispute. Les cousins « issus de germains » ne se connaissent même pas ! C'était fini, le charme était rompu, la famille se dispersa. Pas d'intimité, pas de souvenirs en commun, pas de maison de vacances. Pourtant il y en avait une à Jarnac. François Mitterrand parti, on n'y retourna plus, ni là ni ailleurs.

CHAPITRE 10

FRÈRE DE QUELQU'UN

Frère de quelqu'un.
ROBERT MITTERRAND

Si je n'appartins jamais par le cœur à cette famille, j'admirai sa cohésion : un bloc compact à l'intérieur duquel régnait une confiance se préservant de toute intrusion étrangère. Les secrets étaient jalousement gardés, la maladie de François ou l'existence de Mazarine ne me furent pas dévoilées. Évidemment, tout se sait, j'étais au courant de l'adultère, de l'enfant et de la maladie, mais j'étais informée par hasards et recoupements. Même en écoutant aux portes, jamais je n'aurais rien appris tant ils étaient habitués à taire leurs péchés, véniels ou pas, leurs intrigues, leurs arrangements personnels ; ni gaffe, ni mot de travers ! La fratrie présidentielle avait pour principe de mépriser les ragots et de soutenir Tonton en toutes circonstances. Un chef d'État étant un personnage public, on aurait dû pouvoir en dire ce qu'on veut ! Non. Secret imposé ! Ils excellaient dans la pratique de la langue de bois, si cachottiers qu'ils en étaient de mauvaise foi, ce qui ne pouvait qu'aiguiser la curiosité. Olivier, comme les autres, s'offensait à la moindre critique.

Un jour, un ami RPR se moqua du grand homme, « Aime trop l'argent pour être honnête ! ».

Aussitôt mon mari, tel Don Quichotte, s'érigea en défenseur, interdisant de remettre en cause la probité

« proverbiale » du président. On le prit pour un benêt, mais la polémique fut close.

Mitterrand enterré depuis des années, il continuait de le défendre. Partout dans la presse étaient étalées les scabreuses manipulations financières de Roland Dumas.

– Son meilleur ami, le Président, pouvait-il être impliqué ? Faux jeton, interrogeais-je.

Par des bougonnements excédés, Olivier m'expliqua que les deux hommes n'échangeaient pas nécessairement des confidences de ce style. De plus en plus mal perçue par ma belle-famille et finalement contente d'avoir de moins en moins à perdre, je pouvais pratiquer l'insolence. J'enfonçai le clou.

– Ça alors, c'est incroyable ! ils étaient pourtant fichtrement intimes !

Je rappelai à Olivier cette réunion familiale à Jarnac. Dumas avait été le seul à avoir la permission d'assister François dans ses prières à l'église du pays dont les portes s'étaient refermées aux derrières des inséparables, laissant les autres sur le parvis afin de ne pas les troubler dans leurs dévotions. N'était-ce pas une preuve de grande camaraderie que de pratiquer oraison commune ? Était-il vraisemblable que Mitterrand, au nom de son affection pour Dumas, ne se soit pas compromis dans ses affaires, en tout cas qu'il n'en ait pas été averti ?

Absolument pas ! J'étais dans l'erreur. La conversation s'envenima, la voix masculine étant une arme fréquemment utilisée pour éviter tout risque de protestation, Olivier haussa le ton. En général on se fâche pour exprimer une opinion dont on n'est pas convaincu.

– Tonton est un intello que les bassesses financières ne concernent pas ! asséna-t-il.

Néanmoins, dans le but d'atténuer la hardiesse du propos, il concéda quelques ombres entachant la réputation de Dumas.

Il accéléra la conclusion.

– D'ailleurs, Mitterrand et Dumas n'étaient pas si potes que ça, c'était Dayan le véritable ami. Le premier, un compagnon de Résistance moins intime qu'il n'y paraissait !

Allez, Roland, dans les choux ! L'auréole décernée à Dayan, décédé depuis belle lurette, devait balayer mes doutes sournois.

Impavides face aux cancans, les Mitterrand niaient, s'obstinant à blanchir l'image du Président. Mais seul mon beau-père me touchait ; grand-père indifférent, il était un frère passionné.

Les sentiments fraternels je connais, je suis aussi une sœur inconditionnelle.

Mais si j'avais peu d'occasions de voler au secours de mon frère, ce n'était pas le cas de Robert. Le pauvre avait fort à faire pour rétablir « sa vérité ». Il était si candide, si gentil pour expliquer l'inexplicable, viscéralement fidèle à son enfance. Conscient de mon scepticisme, ponctuellement, il me prenait à part. Peut-être pour me faire plaisir, il m'assurait de l'amitié de François pour les juifs, ce dont je n'étais qu'à moitié convaincue, mais c'était gentil de sa part ! Ou bien il reprenait par le début son histoire pendant la guerre, ou bien celle de l'Observatoire, vieille querelle oubliée, dont chacun, selon son appartenance politique, s'était fait depuis des lustres une opinion définitive et inchangeable. Cela n'empêchait pas « le frère de quelqu'un » de s'acharner à convaincre les sceptiques quant à l'innocence de son cadet dans ce coup fourré. Puisque lui, Robert, était arrivé rue Guynemer dans les plus brefs délais, comment diantre François aurait-il pu organiser un attentat contre lui-même ? Imparable ! Je ne voyais pas en quoi François aurait été gêné par la présence de Robert. Depuis les bancs de l'école, il se serait fait couper la langue plutôt que de dénoncer la moindre de ses erreurs, mais je ravalais mon impertinence tant sa loyauté était émouvante, et naïve son énergie à le défendre !

Je souhaite que mes enfants se soutiennent entre eux à la manière de leur grand-père qui aimait son frère avec assez de grandeur pour demeurer solidaire contre les autres jusque dans la vieillesse, quelle que soit la faute, aussi grave soit-elle.

Lorsqu'on accusa François d'avoir volontairement occulté ses sympathies de jeunesse, lui-même s'en expliqua. Ses prétextes étaient mauvais, les zones d'ombre nombreuses, comme ceux de ses compatriotes de cette époque qui à 90 % voyaient en Pétain le sauveur envoyé du ciel pour les extraire du chaos et remettre la France sur pied. Son propre père, Joseph, fit confiance au vainqueur de Verdun, accepta Vichy, il était pétainiste. Mais bon ! Il y avait des circonstances atténuantes, c'est facile aux générations suivantes de faire la leçon après coup ! La Résistance s'organisait dans la clandestinité, les gens paralysés par la peur se cantonnaient à la prudence, évitaient de se prononcer. Certes, dans le brouillard, il était difficile de s'engager dans la juste direction. Cela étant, certains ont eu du flair, au risque de se faire tuer ils sont partis pour l'Angleterre. Une décision peut-être due au hasard ! Il n'en demeure pas moins que l'on admire davantage les types qui ont pris le risque de rejoindre de Gaulle que ceux qui se réfugiaient à Vichy. François Mitterrand s'était fourvoyé, il serait injuste de lui en vouloir. Il démissionna rapidement de ses responsabilités au sein de la mouvance vichyste et plus tard, refusa de prêter serment à Pétain. Finalement il s'était à peine compromis… Ne tombons pas dans la malveillance.

Des alibis, on en trouve quand on en cherche, les faits sont là, François Mitterrand n'avait d'autres excuses que celles que Robert s'évertuait à fabriquer. À mi-voix, il me racontait comment François, trop jeune pour être clairvoyant, s'était trompé en accordant sa confiance à des individus qui abusèrent de son ingénuité. On ne devait pas le blâmer car il lâcha très vite des amis qui n'en étaient pas, dès qu'il eut réalisé sa méprise, pour se lancer dans la Résistance au péril de sa vie.

– Mon frère, était un pur, parfois naïf..., assurait-il.

Même par un immense effort, on ne peut imaginer François Mitterrand candide ! Retors, machiavélique, oui, mais brosser le portrait d'un « niais » porte à rire !

L'erreur est humaine, avais-je acquiescé. On a bien le droit de changer de copain... Il n'y a que les ânes qui se butent... Je ne pensais pas un mot de ce que je disais, mais j'avais de la compassion pour cet homme âgé, qui, à l'intention d'une bru dubitative, déployait sa mauvaise plaidoirie, avec l'énergie de l'avocat qui joue sa carrière. Comme un enfant à la maternelle, il tentait d'épargner à son petit frère une sanction trop sévère.

J'espère que François Mitterrand lui était reconnaissant de soutenir une thèse qui ne prenait pas. Même par amour, c'est pénible.

François et Robert, compte tenu de leurs âges très proches, formaient, petits, un couple à part dans la famille. Ils dormaient dans des lits jumeaux ; collégien, Robert prendra sous son aile son cadet, l'incitera au travail et l'aidera à s'adapter aux rigueurs du collège Saint-Paul d'Angoulême où ils étaient pensionnaires. Mon beau-père n'exprimait pas verbalement l'amour qu'il portait à son frère, pas de superlatifs ni de fiévreuse déclaration, mais j'ai rarement senti tant de force et d'admiration dans un sentiment fraternel. Il lui était acquis envers et contre tout, et jusqu'à la fin lui a été dévoué de toute son âme. « Le petit » dominait l'aîné, toujours à sa disposition. Dès que l'autre le mandait, il était là, au garde-à-vous. Pour voler au Président quelques instants d'intimité, il n'hésitait pas à traverser Paris, impatient de prendre, rue de Bièvre, le petit déjeuner en sa compagnie. Plus tard, dans l'idée de se rapprocher de son frère chéri devenu le Seigneur de l'Élysée, il déménagea ses bureaux et les installa Faubourg-Saint-Honoré, presque en face du palais présidentiel. Comme au temps du collège, il le protégeait des attaques.

Aujourd'hui, couché sur son lit de souffrance, malade et diminué, il continue à vouloir épargner les épreuves à son frère décédé depuis plus de six ans. Quand il a appris par la télévision les problèmes de Jean-Christophe, peu lui importait que son neveu fût confronté à la justice, eût à justifier de graves indélicatesses ou qu'il passât Noël en prison. Mais qu'il entache le nom de François, là était l'infamie. Robert Mitterrand, froid, caustique, rarement démonstratif, récupéra soudain sa force d'homme pour se dresser sur son séant et pointant l'écran où le supposé coupable s'expliquait avec les journalistes, il s'exclama :

– Ce type fait du mal à mon frère ! Il salit sa mémoire ! Qu'il arrête !

Pauvre gars, pensai-je, Jean-Christophe n'avait vraiment pas de veine, mal aimé par son père, pourfendu par son oncle ! N'empêche que la fidélité est digne de respect !

Probablement l'amour excessif de Robert pour François le coupa-t-il des autres, de ses propres enfants en particulier. Géographiquement éloignés de leur mère, obligée de se séparer d'eux quand ils étaient petits pour suivre un nouveau mari à l'étranger, ils souffraient beaucoup de son absence et manquaient cruellement de tendresse féminine que la gouvernante implacable préposée à leur éducation ne leur donnait pas. Robert, père responsable, vigilant, faisait son devoir du mieux qu'il pouvait, mais leur accordait une affection masculine, mesurée. Il est vrai aussi qu'à cette époque, les hommes n'étaient pas éduqués pour chouchouter leurs rejetons comme ils le font aujourd'hui. Ils leur apportaient le savoir, les obligeaient au travail, mais point de câlins. Les garçons, comme dans une famille versaillaise de bon ton, voussoyaient leurs parents, s'adressaient à leur père comme à un ambassadeur, et lui récitaient leurs leçons tous les matins ; pas de plus amples manifestations. Mon mari prit l'habitude de serrer les dents, se réfugia dans le travail et se mura dans un silence rigide qui se transforma en maladie chronique (aux symptômes de laquelle je ne me suis pas faite !), mais Jean-Gabriel, plus vulnérable, en a sûrement beaucoup souffert pour déplorer encore aujourd'hui, avec détresse, l'austérité de son enfance entre une gouvernante rigoureuse et un père distant.

Comme je ne me remettais pas de la mort de mon père, Jean-Gabriel eut une réaction qui révélait sa déception de n'avoir pas été aimé comme il l'avait désiré :

– Toi au moins, tu as reçu de l'amour, c'est déjà pas mal !

Il avait raison. Lui n'aurait jamais la sérénité et la force d'une personne qui a baigné dans l'amour tout au long de la jeunesse.

Non seulement Robert accordait à ses trois fils un attachement modéré mais encore ses méthodes, les valeurs qu'il inculquait à ses enfants, ses idées lui étaient dictées par son frère à tel point que Jean-Gabriel avait l'impression de recevoir l'éducation de François. Robert était complètement écrasé par son modèle vénéré, il n'en avait plus d'idées personnelles, plus de sens critique. Il demeurait sous l'influence de François même dans son rôle de père.

La cohésion qui soudait François à Robert excluait toute tentative d'intrusion. Une complicité absolue les liait, le père de mon mari ne se passionnait que pour son enfance à côté de François, rejetant tout ce qui n'y était pas rattaché, comme si le temps s'était arrêté. Avant que les deux frères ne deviennent adultes.

CHAPITRE 11
À QUI LA BELLE MÉDAILLE ?

Le désir du privilège et le goût de l'égalité, passions dominantes et contradictoires des Français de toute époque.
CHARLES DE GAULLE

Je craignais que mes fils ne soient desservis par la célébrité un peu encombrante de leur grand-oncle dans un quartier, une école, des camps de vacances aux États-Unis, où la gauche était honnie. En fait, Moïse et Maël n'en réalisèrent pas l'impact.

Je découvris avec mes garçons que ceux qui naissent et grandissent avec un nom connu ne se posent pas, à trois ans, trente-six mille questions. C'est leur nom, un point c'est tout. Pour les nouveaux venus, comme moi, adultes, il faut s'habituer à se faire remarquer et répondre sans forfanterie et sans honte à l'éternelle question : « Vous êtes qui par rapport à… » Pourtant comme les autres, mes têtes blondes étaient confrontés à la curiosité.

Croyant pouvoir obtenir des renseignements, un adulte leur posait des questions indiscrètes auxquelles ils ne savaient que répondre, ou bien un réfractaire au régime dans leur entourage les tenait pour responsables des actions gouvernementales ; plus agréable à gérer, un partisan de Mitterrand voulait à tout prix leur confier son enthousiasme fiévreux, ou encore, ce qui les a tous gênés énormément, le premier appel du premier matin de l'entrée en 6e, lorsque du prénom on passe au nom de famille, annonçant leur particularité aux nouveaux copains du collège, provoquant ainsi un instant de silence dans la classe ! Hormis ces menues mésaventures, ils ne réalisaient ni les avantages ni les inconvénients de leur filiation et comme tous les enfants, râlaient d'avoir à se mettre sur leur trente-et-un pour une cérémonie, fût-elle en la présence du chef de l'État de leur patrie.

Je leur avais demandé d'assister à la remise de la croix du Mérite par François Mitterrand à la grand-mère maternelle d'Olivier, leur arrière-grand-mère, Mamy Cahier. Ça les embêtait ! L'Élysée une fois par an suffisait, m'avait-il été répondu. C'est dommage car ils auraient été éblouis comme moi par la force de caractère, le charisme et la vivacité d'esprit de leur grand-oncle. Il était déjà malade, le visage émacié, blême, il se tenait droit, pour remplir son rôle de chef de l'État auprès d'une douzaine de centenaires émus, alignés, avec cannes et chaises roulantes, attendant les honneurs, le cœur gonflé de fierté. On connaissait le respect du Président pour les anciens, mais de là à dédier à chacun d'eux un discours personnalisé d'une dizaine de minutes, c'était de l'héroïsme. Sans une fiche pour se remettre en mémoire les mérites de ces douze longues vies, sans en mélanger les parcours, il en retraçait les faits remarquables, mais aussi des détails familiaux ou sentimentaux, en soulignant les dates et les lieux, n'écorchant pas les noms. L'avenir se rétrécissant, les vieillards cessent de l'envisager et se recroquevillent sur leur passé jusqu'à pouvoir le réciter par cœur. Aussi précis qu'ils sont étourdis dans le quotidien, certains de passionner les interlocuteurs par leurs aventures obsolètes, les hommages du public étant un dû, je doute que tous ces vétérans, dont la plupart étaient durs d'oreille, aient réalisé l'effort demandé à un homme, qui, fatigué, épuisé par la maladie, se penchait avec bonté sur leurs souvenirs périmés.

J'ignore s'ils en eurent de la reconnaissance. L'arrière-grand-mère, Mamy Cahier, elle, était ravie d'être récom-pensée pour le bien qu'elle avait fait autour d'elle, mais elle avait l'esprit clair.

Oncle François avait l'habitude de cet exercice, néanmoins, je trouvais formidable de s'en acquitter si consciencieusement et n'ai pu m'empêcher de lui dire mon admiration. C'était un homme courtois, il m'a souri gentiment en me remerciant du compliment.

Ces vieillards méritaient de recevoir la croix, ne serait-ce que pour s'être cramponnés à l'existence si longtemps, mais ce genre de manifestation à laquelle nous étions parfois conviés, histoire d'avoir un public pour la claque, ne revêtait pas toujours un caractère convivial.

Dès l'accession au pouvoir, des décorations furent distribuées par charrettes entières pour des raisons diverses, inexplicables : pour féliciter les nommés des ministères, consoler ceux qui ne l'étaient pas, soulager ceux qui traînaient le plus de casseroles au derrière, remercier les générosités des chefs d'entreprise assez malins pour s'être méfiés à temps (ils avaient pris la précaution de verser autant à gauche qu'à droite), pour s'attacher les patrons qui n'avaient pas eu cette délicatesse, pour remonter le moral des maris cocus ou pardonner les infidèles. C'était à qui voulait bien accepter les honneurs, certains « décorés » n'ayant visiblement aucune action charitable à leur actif. Que ne fait-on pas pour conquérir les hésitants et ménager son stock d'aficionados ?

Le nominé exprimait sa satisfaction par un discours soigneusement préparé, au cours duquel il se jetait des fleurs par bouquets ; ainsi séduit, il reniait ses convictions d'origine ou profitait de l'occasion pour les affermir et terminait par un compliment joliment tourné dans le but de louer la clairvoyance du gouvernement qui avait su reconnaître ses mérites. On applaudissait, faux jetons, les hommes échangeaient de traîtres accolades, champagne et petits fours, grand dîner ensuite à l'Interallié ou chez Le Doyen, puis le promu rentrait se coucher avec sa médaille, tout content de pouvoir dormir sans rêver au jour de sa gloire et convaincu d'être un génie.

Pour moi, qui en étais restée à la « Légion d'honneur » qu'avait reçue la marchande de journaux de Papa, vendeuse dans un kiosque de l'avenue Marceau, en reconnaissance pour ses hauts faits de Résistance, les célébrations de l'Élysée m'énervaient énormément. Durant la cérémonie, Olivier essayait d'étouffer mes ricanements aigris et mon persiflage venimeux. Nous chuchotions énergiquement au fond de la salle :

– C'est dégoûtant, celui-là n'a rien fait d'autre que courir les filles, de quoi le récompense-t-on ?

– Là n'est pas le problème, il a une grosse boîte.

– Ça alors ! C'est un fils un papa qui n'a jamais travaillé !

– On s'en fout, l'affaire se porte bien, les actionnaires sont bénéficiaires et il sait recevoir comme un prince.

J'avais le chic pour agacer mon mari,

– J'ai compris ! On lui donne la croix pour être invité chez lui ?

– Mais non, je t'ai déjà expliqué trente-six fois comment ça se passait, tu es bouchée ou quoi ?

Mon cher époux avait de la patience. Faute de guerre et de batailles au sabre, afin d'écouler le quota de récompenses s'était développé un bureau avec des préposés qui recevaient des lettres de recommandation d'intermédiaires, ceux-là se décarcassant pour mettre en valeur les exploits de leurs protégés.

– L'intermédiaire touche-t-il davantage quand on n'en trouve pas, des « exploits » ?

Il poussait un soupir exaspéré.

– Personne ne « touche », on se débrouille, on trouve quelque chose !

J'en rajoutais :

– De toute façon, à notre époque, la grande performance d'un patron est de parvenir à licencier pour éviter la faillite de son usine ; sera-t-il récompensé ?

Olivier râlait, j'étais « une sombre crétine, et quand je faisais de l'humour, c'était pire encore ! ». Le but d'une discussion étant d'avoir raison, je persévérais dans l'allusion perfide.

– Et les mecs dans les pays sous-développés, qui risquent leur santé pour se consacrer à soigner des gens insoignables, remportent-ils des médailles ?

Silence. Je reprenais.

– C'est tout à fait honteux, il n'y a que les gros malins comme Arnold Savavyt qui s'en sortent toujours !

– Tu ne vas pas recommencer à ronger ton os, on s'en fout de Savavyt…

Cet homme m'avait assommée pendant des mois pour l'obtenir cette maudite Légion d'honneur ! S'il y avait une justice sur terre, il n'aurait même pas dû oser la demander !

J'étais copine avec la femme de cet industriel, enfin !, entendons-nous, son fils faisait partie de la cantine que j'organisais à mon domicile pour ceux qui la préféraient à celle de l'école. Le gosse était mignon et le mien content, pour moi c'était l'essentiel. Bref, un beau jour, sa maman me prit à part :

– Votre mari est bien placé, ne pourrait-il obtenir une médaille pour Arnold ?

Le seul prix que j'aie jamais obtenu durant ma courte scolarité était celui de bonne camaraderie, ça vous colle au train ce truc-là, j'adore rendre service, je ne sais pas dire non ! Olivier allait essayer ! « Il faut se méfier du premier mouvement, disait Talleyrand, il est toujours généreux. »

Je ne me suis pas méfiée ! Un psy nous décortiquerait ce trait de caractère en moins de deux et me rendrait la négation agressive, n'en ayant pas repéré un qui me guérisse de ce travers, en dépit des réprimandes de mon entourage, surtout celles de mes enfants qui détestent que je me fasse « rouler », je demeure brave fille. Cependant, je ne suis pas dupe et j'en veux énormément à ceux qui prennent mon penchant pour du crétinisme, leur vouant des rancunes inébranlables ; mais je m'en félicite quand parfois je recueille de ma bienveillance lunaire une amitié inébranlable.

Le Savavyt, lui, m'a prise pour un pigeon ! Il nous fit parvenir un dossier intégralement dépourvu de hauts faits, sinon martyriser les collaborateurs qui géraient l'affaire que lui avait cédée son grand-père. À son actif, énormément de fric, des maisons avec des gardiens, des chasses avec des « lanceurs de perdrix », des chevaux de courses, des combinaisons de ski, et du matériel haut de gamme permettant de pratiquer divers sports ; à vrai dire, toute son intelligence, sa finesse et sa gloire provenaient de l'argent. Détesté par ses employés et par ses fournisseurs dont il rognait systématiquement notes de frais et factures, cet homme avait pour seule qualité sa capacité de sommeil. Il faisait ses quinze heures au quotidien, ses femmes et personnels successifs y voyaient là de quoi tenir à leur place, le mec ouvrait l'œil pour le déjeuner, accordant ainsi à ses exécutants une matinée de paix, avant de les enquiquiner durant tout l'après-midi ! Peut-être était-ce cette performance qui méritait récompense !

Quand sur le bureau de mon époux tomba le dossier de Savavyt, Olivier s'insurgea :

– C'est qui ce gars-là ? T'es pas timbrée ? D'où sors-tu des gens pareils ? Pas question que je lève le petit doigt !

En dépit des nombreux arguments que j'avançais, pas un ne suffisait à remplir le formulaire vierge de bonnes actions.

Ce dont j'eus à m'excuser auprès des époux Savavyt qui soudain ne furent plus du tout amicaux. Je ne m'étendrai pas sur les détails, mais ces gens furent grossiers pour exprimer leur déception, puis le mec se calma enfin en gueulant qu'il connaissait des gros bonnets, lui ! Et qui lui étaient redevables ! Avec tout ce qu'il avait fait pour eux, ils n'allaient pas se « tâter » longtemps ! Il n'aurait qu'à claquer des doigts pour l'obtenir, cette « putain de Légion d'honneur » !

– Ben, tant mieux, ai-je répliqué poliment.

Il lui a fallu six mois pour se « débrouiller » et l'obtenir, sa « putain de Légion » ! Grande réception au Crillon !

Des années plus tard, Maman chérie, la mère de mon mari, décida qu'il aurait la croix. Il partait exporter le fruit de son labeur de par le monde, trois jours par semaine, et fut justement récompensé pour représenter si efficacement la France à l'étranger.

Pendant dix-huit ans, je me consolai de son absence avec le plateau-télé. Olivier me manquait ; n'étant pas préparée, contrairement aux épouses de marins, à tant de solitude, j'en souffrais beaucoup. Dans l'ombre de l'écran bleuté, j'atténuais ma peine en songeant que la tristesse de mes nombreuses soirées solitaires contribuait à sa réussite professionnelle.

Je n'étais pas là pour la remise de sa décoration.

CHAPITRE 12

UNE NOUVELLE CLASSE : LA GAUCHE CAVIAR

Dans la nature toutes les espèces se dévorent :
Toutes les conditions se dévorent dans la société.
DIDEROT

La gauche prit les rênes de mon pays. Elle était partout, présomptueuse, fanfaronne, triomphante. Normal de se laisser griser par le pouvoir si longtemps attendu, insupportable de voir les gauchistes s'approprier les coutumes de leurs ennemis, si violemment dénigrées afin de l'obtenir, ce fameux pouvoir.

Chefs de cabinet, chargés de mission et autres courtisans de gauche oublièrent manifestement les vérités qu'ils assenaient pourtant sur un ton sans réplique. Finies, semelles de crêpe et vestes en velours côtelé rapiécées aux coudes. Le dogmatisme demeura, on changea seulement d'apparence. Guindés dans leurs costumes trois-pièces, flanquée des régulières habillées « couture », ils imitaient la notabilité du mieux possible, fiers de porter des vêtements de marques identiques à celles des bourgeois si méchamment décriés ; ils achetèrent aussitôt des maisons dans les mêmes endroits, et bouffèrent dans les mêmes restaurants.

Le plus difficile à encaisser de l'être humain, à mon sens, est sa mauvaise foi. Je peux comprendre qu'on soit de gauche à condition d'en respecter la morale, mais d'en faire un tremplin pour devenir plus bourge qu'un vrai bourge, c'est agaçant !

Jeune fille, j'avais travaillé un an avec une femme d'une quarantaine d'années qui se disait communiste. Son mari en tout cas avait sa carte du parti, ce dont elle m'avisa dès mon entrée dans ce bureau poussiéreux de cinquante mètres carrés que nous partagions huit heures par jour. Elle me montra sa photo, un bel homme avec de belles moustaches. C'était la première fois que j'avais un contact avec une militante ouvrière. Très cérémonieusement, je lui confiais l'appartenance de mon frère au gaullisme, la mienne également. On se serra la main avec une certaine emphase.

J'étais supposée l'assister dans le rangement, elle était donc ma supérieure. Notre employeur, un producteur de cinéma sur le retour, était souvent absent. Quand il passait une fois par semaine, je devais me percher sur une échelle afin de classer par ordre alphabétique des copies de films rangées sur l'étagère supérieure de sa bibliothèque. Mystérieusement, les copies soigneusement répertoriées se déplaçaient toute seules. D'une séance à l'autre, j'étais renvoyée à mon escabeau, pendant qu'en marchant de long en large il dictait à ma chef le courrier qu'elle prenait en sténo. Distrait par le spectacle, il lui faisait écrire n'importe quoi et la réprimandait quand les lettres lui revenaient bourrées d'incorrections, si bien qu'elle devait sans cesse les retaper. À cette époque, il n'y avait pas d'ordinateur, toute rectification nécessitait une reprise totale de la page. Employée docile, je n'osais me rebeller à voix haute. Elle aurait pu prendre ombrage du manège de notre P.-D.G. et de ma lâcheté, m'en vouloir des remontrances et des heures sup. Pas du tout ! Me plaignant d'être un objet de convoitise masculine, elle m'aidait à surmonter les contraintes de la condition féminine en me racontant le communisme comme une religion. C'était beau, émouvant, généreux et surtout elle était si sincère, si authentique dans ses espoirs d'améliorer le sort des humains (en particulier, celui des filles objets du désir masculin !) afin de les réconcilier dans un grand élan d'amour, que j'en aurais pleuré. Naturellement, je ne songeais pas à défier l'autorité de mon frère pour me laisser prendre au charme de la propriété collective, mais nous nous comprenions toutes les deux, chacune dans sa différence, chacune avec ses idéaux.

Si les socialistes s'en étaient tenus à leurs proclamations publiques, ils auraient certainement été acceptés sinon respectés. Ils ne surent résister à la tentation. Les messieurs fumaient des gros cigares à trois mille la boîte de six – cinq cents francs pour dix minutes de fumée et ils ne s'en étranglaient pas ! On dépensa, on claqua à qui mieux mieux… On fit valser les notes de frais ! Hier soir dîner au Ritz… Le Relai pour déjeuner… Des « demoiselles de Cherbourg » au menu… Chaussures à 16 000… Lunettes Dior, Gstaad l'hiver, Saint-Tropez l'été… La maman de gauche en perdait la fibre maternelle, engageait une nurse pour les enfants, dimanche inclus. Aucun souci à se faire, pour dépenser, là comme ailleurs, ils nous battaient à plate couture ; meilleurs que nous partout ! Un grand chef communiste obtenait de son chauffeur soixante heures par semaine ! Cet autre « militant », patron d'une grosse boîte, se réjouissait de toucher le salaire « le plus bas » d'entre ceux alloués aux P.-D.G., et se rattrapait par des avantages en nature dépassant tout ce que l'on peut imaginer. Avions privés, voyages de rêve, appartements sublimes pour épouse et maîtresse. Des exemples incohérents, je peux en citer treize à la douzaine, jusqu'à cet apparatchik de haut vol pour qui la très chic, et hors contrat, École alsacienne n'étant probablement pas assez chère, scolarisait ses enfants en francs suisses, dans les alpages helvétiques. Non, il ne s'en cachait pas, au contraire, il se vantait de leur offrir le « top » de l'enseignement !

Altruisme et grands sentiments pour les gogos, la presse ferait passer le message.

« Entre nous, au diable le bourrage de crâne, on s'éclate comme les bourges, on se paie du bon temps, on se la coule chic-branché, les épouses n'ont plus une minute à elles, avec la situation de Monsieur, n'est-ce pas ! Non mais ! Rien n'est trop beau. Youpi ! À nous la belle vie. Chacun son tour. »

« Z'ont » rien compris, les bourgeois de souche sont économes. L'été, ils préfèrent le calme de leur propriété dans le Jura au port de Saint-Tropez.

J'avais beau me raisonner pour leur trouver des excuses, la frustration dans un passé récent, le désir de revanche, l'attrait du luxe, la tentation est humaine… l'indulgence peinait à se frayer un chemin à travers mon exaspération croissante. Avant 1981, les femmes de nos nouveaux chefs étaient interdites de chéquier. Sitôt les élections remportées, les voilà riches. La transition fut si rapide qu'elles n'eurent pas le temps d'apprendre à dépenser avec élégance, c'est une formation qui nécessite une période de rodage. Oubliées les barricades sautées en pantalon pattes d'éléphant, fini de jeter des pavés dans les vitrines du boulevard Saint-Michel, les récentes « madames » grisées parlent argent ; on discutait chirurgie esthétique, coût du prof particulier des gosses, deux cents, trois cents, cinq cents de l'heure, c'est pas cher ! D'ailleurs, rien n'était plus « trop cher ». À l'hôpital, seul le service privé était tolérable, et encore, à condition qu'un traiteur serve les repas ; la nourriture autrement était infecte, les draps rêches grattaient ! Les gorilles de monsieur (souvent transformés en livreurs) apporteront de la maison parures et oreillers de plumes… Ils s'installaient à l'hôpital comme au Plaza !

Peut-être en rajoutaient-elles pour me choquer ? J'en entendais des inconvenances ! Et pire encore. De quoi grincer des dents.

Des bourgeoises de bande dessinée, rien à voir avec les vraies.

En groupe, les femmes rivalisent de phrases toutes faites et de lieux communs. Avec notre phobie des silences, on parle pour avoir l'air de participer ! Forcément, on dit des bêtises. Mais ces militantes antibourgeoises y allaient fort, tenaient des propos carrément réactionnaires ; que de cynisme dans la volte-face !

Enterrées les généreuses proclamations, l'égalité des soins, l'égalité des droits à la réussite, des chances, des études, envolées les bonnes résolutions. Partage, solidarité, équité n'avaient plus cours. Elles ne voulaient même plus faire leurs courses chez Carrefour, « pour pas se mélanger » ! Désormais on se permettait le snobisme !

À gauche, à droite ou au milieu, l'amour de son prochain ne dépasse pas les belles paroles, chacun tire tant qu'il peut la couverture à soi.

Quand je me permettais de m'étonner, on aurait pu me répondre que la justice n'était pas de ce monde, arguer que les circonstances ayant changé, les aspirations également. Il aurait semblé normal de s'excuser de si bien profiter des heureux parachutages, j'aurais même compris qu'on rigole en douce, avec un peu d'authenticité et d'humour admettre le contraste avec les idées d'antan. Pas du tout, c'était moi qui en prenais pour mon grade ! Loin de se taper sur les cuisses en se félicitant d'avoir trompé son monde, on se drapait dans sa supériorité, on se vexait, puis on me sermonnait avec condescendance. Elles en avaient de la morgue et du mépris pour me conseiller de taire mes réflexions idiotes. Pourquoi serais-je la seule à profiter des avantages du capitalisme ?

– Mais enfin, vous aviez promis de l'anéantir et vous en cultivez goulûment les charmes.

– Où est le rapport ? brandissait-on comme défense ultime !

J'en bégayais de rage ! Il crevait la vue, le « rapport » ! Il en fallait de la mauvaise foi pour le nier, le fameux « rapport »... Quand on est à mort contre l'école libre, on scolarise ses gosses dans le public, pas dans les institutions privées, encore moins à Lausanne ! Question d'honnêteté envers soi-même ! L'honnêteté, dans ce cas précis, on n'en avait rien à battre !

Les socialistes étaient au-dessus de ces contingences et des remises en cause. Au contraire on pontifiait un petit coup :

– Seul l'être compte, pas l'avoir...

Le toupet de ces bonnes femmes qui osaient me faire la morale :

– Le fric, figure-toi, nous, on s'en fout !

Avec une arrogance qui poussait au meurtre, elle échangeaient quelques nobles considérations. On ne ramenait pas tout à l'argent comme chez les bourges ! On ne va pas compter ses sous, comme Harpagon ! Elles détenaient tous les monopoles, la générosité, le cœur, la tolérance...

J'ergotais en vain. Bientôt celles qui auraient dû devenir mes nouvelles copines, à bout d'arguments absurdes, se détournaient de ma personne en se demandant entre elles, assez haut pour que j'entende, « d'où sortait cette conne ? ». Lors de leurs apparitions à la télé, ils recommençaient avec les balivernes, fraternité, entraide, coopération... À bas l'argent sale... N'ayant aucun moyen de dénoncer la duplicité dont j'étais témoin, j'éteignais le poste, le cœur amer.

Mieux valait passer pour une rouspéteuse que de me plier à la petite convention exigée avant d'entrer au Palais des fêtes. Il suffisait de faire « comme on veut » et de dire « comme il faut ». Était-ce malin de ma part ? Je ne jouais pas leur jeu.

En fait, bien que je refuse les principes du système, je m'en voulais d'une involontaire collaboration car je tirais malgré tout des avantages de ma situation. Nous traversions une période où le nom de Mitterrand ouvrait les portes.

À l'époque, le mari de ma sœur tenait la rubrique littéraire d'un journal populaire. Certes, il y avait moins de parutions qu'aujourd'hui, mais il se trouva dans l'obligation de faire appel à des amateurs pour établir les fiches des ouvrages qu'il n'avait pas le temps de lire lui-même. Ça tombait à point : sans doute nostalgique de l'école, j'avais l'habitude de pratiquer cet exercice pour toutes mes lectures et lui proposai aussitôt ma collaboration, qu'il accepta. Il se réservait les interviews des auteurs, je me contentais de déposer mes papiers le vendredi.

Une jeune journaliste de la télévision très en vogue et « très proche » de mon oncle venait d'écrire un roman. Mon beau-frère m'estima mieux placée que lui pour obtenir un rendez-vous avec cette personne qui n'en accordait pas. Une femme ravissante, une éminence dans son métier qui faisant la une des journaux ne pouvait recevoir tous les pigistes de la place ! Son assistante spécifia qu'en raison de ma parenté avec son ami François, la vedette de la télé me concéderait, juste avant une émission, quelques minutes sur son lieu de travail, à la Maison de la Radio.

Heureusement que je suis ponctuelle car nulle hôtesse ne vint m'accueillir pour me guider à travers le dédale de galeries et couloirs ; pour moi qui n'ai pas le sens de l'orientation, j'ai gardé l'angoisse de me perdre à jamais dans ce labyrinthe. Essoufflée, transpirante, je finis par frapper à la bonne porte en m'excusant inutilement d'un retard que je n'avais pas. J'eus le temps de me remettre de mes émotions et d'admirer la formidable prestation de cette jeune femme en attendant la fin de l'enregistrement, avant le début de notre entretien. Bouche pulpeuse, regards appuyés, pas une gaffe, de rares sourires, pas une hésitation pour mettre en difficulté ou en valeur le type important qu'elle interrogeait. J'étais béate d'admiration. Sûre de soi à ce point tenait du surhumain, existait-il des cours qui vous enseignent les certitudes ? Avait-elle appris sur le tas ? Était-ce congénital ? J'aurais été le bonhomme, j'aurais perdu mes moyens que je faillis d'ailleurs perdre quand, le monsieur reconduit, elle se tourna vers moi.

– Vous êtes qui, vous ?

L'entrée en matière m'agaça, si ce n'était pour me déstabiliser, pourquoi me poser une question à laquelle elle avait la réponse ? Peu importe qui j'étais, pourvu que je remplisse correctement ma mission ! Vexée, j'évitai de prononcer mon nom mais lui livrai celui de la rubrique dont le rédacteur m'avait délégué la partie roman.

Elle se fichait complètement de mes talents de chroniqueuse, insistant avec insolence :

– Je ne vous connais pas, on m'a dit que vous étiez une parente de François ?

Non mais ! D'abord, elle devrait me « re »-connaître, car nous avions été déjà présentées lors de réceptions à l'Élysée, ensuite, elle commençait à me courir sérieusement avec ses soupçons à la noix ! Je ne l'avais pas volée, mon identité ! Maîtrisant ma colère, j'admis être une « nièce » de son grand ami, tout en précisant que ce fait ne changeait rien au contexte, puis je tentai en vain d'en venir à mon sujet tandis que mon interlocutrice était déterminée à me confondre.

– C'est bizarre, je ne vous ai pas vue à Solutré, sa nièce Catherine y va, elle !

Qu'est-ce que j'y pouvais, si cette belle-sœur avec laquelle je me crêpais le chignon régulièrement s'enivrait d'une randonnée en plein air au milieu d'un bataillon de socialistes !

Au lieu de prétexter une pénible allergie au pollen qui s'emparait de mes narines dès que je m'éloignais du macadam et de regretter infiniment de ne point partager la joyeuse convivialité de cette excursion annuelle dans le sillage de Tonton avec lequel j'entretenais justement une relation privilégiée, ce qui aurait immédiatement diminué le tour rageur que prenait la conversation, je me rebiffai vertement. Sarcastique, je suggérai de lui montrer mon passeport, preuve de mon pedigree tout aussi indéniable qu'une promenade à laquelle je n'étais, crânai-je, compte tenu des nos divergences politiques, pas conviée ! Et pof !

Elle n'était plus du tout motivée pour alimenter l'article que je devais pondre à propos de son bouquin qui n'avait déjà pas grand intérêt. Ma copie fut trop nulle pour être publiée. Ma carrière dans le journalisme se brisa là.

La star du petit écran a pris de la notoriété et du poids puis elle est tombée dans les choux. Mais son heure de gloire ayant duré deux mandats présidentiels, elle a pu se faire une place au soleil et choisir, parmi ses nombreux invités, l'homme dont elle désirait être aimée. On ne va donc pas pleurer sur son sort.

Décidément, je préférais m'encroûter dans l'anonymat que de devenir l'amie de gens qui m'auraient volontiers adoptée à condition que je joue mon rôle de nièce rapportée avec conviction. Mon ingratitude les aigrissait d'autant plus que j'avais au départ une chance qui n'était pas la leur. Moi qui pouvais appartenir au gratin de la gauche caviar sans avoir à batailler, je faisais la fine bouche ! Des perles au cochon !

J'aurais plutôt dû me lancer dans la politique du côté de mes aïeux : à droite, une Mitterrand aurait fait un tabac.

Les antipathies comme les sympathies étant toujours réciproques, finalement j'étais rarement confrontée à cette nouvelle classe sociale qui ne m'invita bientôt plus à sa table, et que je n'accueillais pas à la mienne.

Je subissais déjà ma belle-famille tendance Tonton et pouvais me permettre de choisir mes amis.

Olivier dans son boulot ressentait plus précisément les avantages et les inconvénients dus à son nom. Parfois les dossiers qu'il présentait étaient fermés avant d'avoir été ouverts, pour d'autres il était bien accueilli, ça ne dépendait pas forcément de la couleur de la municipalité mais de la tolérance du maire.

Après cinq ans de primaire aux Moineaux pendant lesquels Moïse fut protégé de toute agression par ses institutrices attentives, nous ne l'aurions certainement pas scolarisé dans un collège privé, où les élèves défendent les convictions politiques de leurs parents avec une virulence que ne se permettent pas les adultes ; il fut inscrit dans le public dès la sixième. Quatre ans après, son frère Maël le fut aussi, et l'un et l'autre n'eurent aucun problème ni avec les enseignants ni avec les copains.

Bon ! Tout va bien pour cette nièce rapportée. De quoi se plaint-elle ? Personne ne jetait des pierres aux Mitterrand, les enfants grandissaient tranquillement, et la mentalité socialiste ne lui convenant pas, rien ne l'obligeait à frayer avec l'élite du pays ; qu'elle reste donc logée à la même enseigne que ses concitoyens et comme eux « fasse avec » ! Vue sous cet angle, ma condition n'avait en effet rien de tragique.

Le seul hic : l'attachement passionné que je portais à mon pays. Il était facile de voir que son dirigeant, qui se trouvait être mon oncle, le menait insidieusement mais irréversiblement vers son déclin.

Que je sois de la famille ou pas, qu'on rejette ou non hors de nos frontières ceux de ma race, que je devienne une expatriée ou que je subisse le choix de mes compatriotes sans moufter, j'appartiendrai toujours par mon cœur, par mon âme, au peuple français. Mes ascendants paternels ont contribué par leur exploits guerriers, par leur travail et leur détermination à la construction de la France. J'aime ma patrie de naissance, j'en aime l'odeur, l'atmosphère, le climat et le charme, les gens, et sa capitale Paris est à mes yeux la plus belle ville du monde.

La régression de mon pays est une souffrance.

Depuis vingt-deux ans, à la télé, à la radio, dans les journaux, des gens m'expliquent en long et en large leur point de vue, je n'ai pas plus de droit qu'eux d'exprimer le mien, mais j'en ai autant.

Alors pour une fois je vais dire ce que je pense, ceux qui ne voudront pas me lire n'auront qu'à zaper. Ce sera plus facile pour eux que pour moi ! J'avais beau changer de chaîne, elles étaient toutes encombrées du même charabia venimeux contre la catégorie sociale à laquelle j'appartiens.

Ma petite opinion personnelle ne modifiera pas le destin de la République, mais je me sentirai peut-être mieux après.

CHAPITRE 13

LA POLITIQUE MITTERRAND ME RESTE EN TRAVERS DE LA GORGE

On ne peut aider le salarié en anéantissant l'employeur.
ABRAHAM LINCOLN

Certes, je reconnais les qualités de François Mitterrand, sur le plan personnel il était poli, courtois, on le disait doté d'un charisme rayonnant, extrêmement intelligent et cultivé, il possédait des tas de qualités. Admirables sa passion pour les livres, son goût pour les belles reliures. Tous ceux qui l'ont rencontré étaient subjugués par son esprit, la finesse de ses analyses, la justesse de ses jugements, son esprit ouvert sur le monde. En plus, il ne se contentait pas d'être immensément instruit, mais savait apprécier la nature, aimait les animaux, adorait ses labradors. Un génie de la joute politique, absolument formidable lors des confrontations télévisées ; pas un adversaire ne résistait à ses jeux de mots, à son humour féroce, il dominait les situations les plus périlleuses, courageux, téméraire, il affrontait le combat la tête haute, ne se laissait pas déstabiliser par les attaques même justifiées. Un battant, un vainqueur. Avec tous ces atouts, il était bon pour le prix Goncourt, l'Académie, le Nobel.

Par pitié, n'aurions-nous pu lui épargner la présidence de la République !

Le cher homme n'y connaissait rien en matière de gestion des affaires, finance, commerce, sécurité. Avec un éminent intellectuel au pouvoir, ce fut de pire en pas mieux ! Comment tombâmes-nous si bas ?

Les années Mitterrand furent des années fric, d'enrichissement extravagant, de dépenses faramineuses. Puis comme un ballon qui éclate, tout s'effondra, mort de l'esprit d'entreprise, de l'autonomie, le goût du travail tué. Des années gabegie.

Une fois propulsé à la direction de la France, on ne peut en vouloir à l'heureux élu de ne point reculer. Néanmoins, diriger un pays, c'est comme diriger une grosse boîte ou un bataillon, c'est un métier qui ne se devine pas mais s'apprend. Comment François Mitterrand s'y serait-il préparé ? Entre le temps consacré à ses lectures et le travail qu'il avait dû fournir pour créer son parti, forums, réunions, voyages, à quelle heure aurait-il pu s'intéresser au fonctionnement rationnel d'un pays ? On ne peut pas tout faire ! Faute d'expérience, il se documenta, s'informa du mieux qu'il put, se renseigna plus à gauche qu'à droite, écouta l'éloquence des chefs politiques, un peu n'importe laquelle.

Marchais ressassait dans le poste qu'il fallait faire payer les riches pour qu'il deviennent pauvres, au-dessus de 40 000 francs, « faut tout prendre ! ». Il y avait pourtant des exemples qui aurait pu faire réfléchir le leader communiste. La Corée du Nord soumise au régime stalinien s'enfonçait dans la misère, tandis qu'au Sud où régnait le capitalisme, tout le monde mangeait à sa faim ; pareil pour Berlin : à l'Ouest prospérité, de l'autre côté du mur, à l'Est où sévissait le communisme, c'était un désastre ! Soit monsieur Marchais était le jouet d'une sénilité prématurée, soit il détestait la France et les Français pour leur promettre un sort semblable à celui des États communistes.

Mitterrand, n'ayant probablement pas d'idée très arrêtée, suivit à moitié les instructions du camarade Marchais en fixant le seuil de l'ISF à 3 millions de francs.

Un innovateur ! Il aurait pu aussi bien faire siennes les théories d'Abraham Lincoln, président des États-Unis en 1860, qui, lui, déclarait qu'on ne pouvait pas « créer la prospérité en décourageant l'épargne », « aider les pauvres en ruinant les riches ». Des principes pas si ineptes que ça, question pouvoir d'achat, sécurité, intégration des étrangers, seuil de pauvreté, l'Amérique s'en sort mieux que nous. Les Français n'admettent pas qu'on puisse être plus malins qu'eux, le Président non plus !

Le contribuable s'exécuta, va pour de nouveaux impôts. Mitterrand profita de leur docilité autant qu'il lui était possible, 50 % de la population travaillant pour assumer les 50 % qui restaient, c'était encore bon, il conservait son électorat, cramponné à l'assistanat, il ne risquait pas de lui échapper, alors pourquoi se gêner ?

Les petits propriétaires immobiliers paniquèrent. Peu nombreux – 1 % des foyers fiscaux – ils furent rapidement neutralisés. Beaucoup étaient des amis de mes parents, pas tous des nantis ! La plupart avaient défendu la France sous les drapeaux. Des gens comme tout le monde, respectables. On les a taxés à bloc sans vérifier qu'ils avaient l'argent nécessaire pour payer les taxes. C'est vrai, l'inquiétude des copains de mon père dont l'âge tournait autour des soixante-dix ans me bouleversa.

Le propriétaire qui possédait un vieux château entouré de vieux bois qui ne rapportait pas un sou fut du jour au lendemain redevable de l'ISF, mais n'ayant pas de liquidités, il se voyait forcer de vendre son bien. Une dame péremptoire clamait qu'il fallait prendre (le verbe « voler » serait plus approprié) l'argent dans les poches de ceux qui en avaient (encore faudrait-il qu'il y en ait) ! Est-ce intelligent d'acculer des riches qui ne le sont pas ? L'impôt sur la fortune fut le coup de grâce des vieux épargnants, certains en sont morts. Aucune importance, il faut bien mourir de quelque chose.

Alors que nos voisins supprimaient progressivement cet impôt confiscatoire qui rapportait à peine 1 % de la recette globale, la France en augmenta le taux en 1998.

Le problème des aristos en pleine déroute ne concernait pas vraiment Tonton François, sauf pour se glorifier d'avoir des quartiers de noblesse. Le message se murmurait dans la famille, « figurez-vous, nous en sommes ! ». Au grand homme, une grande filiation, celle avec la reine d'Angleterre avait du chic, l'être a besoin de racines, celles-ci lui convenaient, puisqu'il tenait à son cousinage britannique, pourquoi pas ? Mon beau-père était ravi, les sources de la généalogie étaient sûres, c'était certain, ils appartenaient à l'aristocratie. Personnellement, je pensais qu'ils n'en avaient pas acquis les manières, surtout celles de se tenir à table.

Ceux qu'il avait dans le nez, Tonton François, n'étaient ni paysans, ni milords, ni ouvriers, c'était les chefs d'entreprise. Ceux-là il ne pouvait pas les blairer ! Même les immigrés, pour lesquels le Président nourrissait une affection particulière, préconisant de les accueillir à cœur ouvert, perdaient son amitié s'il leur prenait des ambitions pas respectables. Pour peu qu'un Arabe s'achetât un commerce, aussitôt fini les amabilités, il n'avait pas fait entrer un sou dans la caisse de son épicerie qu'il croulait déjà sous les taxes.

Mitterrand semblait vouloir se venger des coups et blessures d'un employeur brutal, d'humiliations passées dures à avaler ! Pourquoi en voulait-il tant aux patrons ? Il n'avait pourtant pas eu l'occasion d'en souffrir puisqu'il n'en avait jamais eu !

C'est exact, je plaide pour ma paroisse, et alors ? Où est le mal ? Je n'entends jamais un syndicaliste défendre celui qu'il imagine être l'ennemi de base, ni se mettre à sa place, encore moins envisager le poids de la responsabilité qui pèse sur un patron. Quand il n'a rien à perdre, et ne met en péril que son propre destin, quand il n'entraîne aucun salarié dans sa chute, un homme est libre.

J'en ai vu, j'en ai connu des patrons de PME, ils sont ligotés par leurs responsabilités.

Pour eux, c'était dur avant Mitterrand, pire encore depuis. Afin de commercialiser leurs produits tout autour de l'Europe, pas de jet privé. À sept heures et demie le matin, ils ont déjà une heure de trajet dans les pattes avant de s'agglutiner devant les guichets d'Orly Ouest, les avions sont pleins. Retour par le dernier vol pareillement serrés comme des sardines. Cependant, il ne suffisait plus de faire marcher le commerce pour maintenir une affaire, en priorité, il fallait licencier, avec les charges sociales en hausse constante, il n'y avait d'autre solution que de réduire le personnel. Un patron ne prend aucun plaisir à « dégager » un employé dont il connaît l'âge, la situation financière ou familiale et souvent, dans les petites boîtes, dont il est l'ami !

Mitterrand s'amusait à persécuter le petit chef d'entreprise. Soit il manquait de tolérance, soit d'intelligence, la deuxième possibilité ne pouvant lui être appliquée, il voulait juste sanctionner une « race » qui ne lui avait rien fait, celle des Français entreprenants.

Lui et ses collègues se creusaient le citron pour trouver le truc qui enquiquinerait l'employeur au mieux, presque chaque semaine on annonçait une mesure gouvernementale pour l'embêter. Il existait en France des caractères têtus ; les patrons continuèrent à se démener pour gagner de l'argent dont ils donnaient plus de la moitié à l'État, de vraies bourriques, impossible de les circonvenir, il y en avait encore qui en dépit des « taxes et textes » dont on les submergeait, refusaient le dépôt de bilan.

Des cerveaux se penchèrent sur le problème, ils augmentèrent les servitudes. Défendu d'ouvrir sa boutique le dimanche, serait-ce avec l'accord des employés… Toute réprimande au personnel fût-elle justifiée mérite prud'hommes… Une société qui rénovait ses locaux était soupçonnée, d'où venaient les fonds ?…Une affaire qui était rentable, contrôle immédiat, fallait-il être retors pour gagner de l'argent dans ces conditions, il y avait de la magouille là-dessous, un agent était mandé !

Eurêka ! À force de se triturer les méninges, on trouva la solution miracle. En supprimant les employés, on éradiquait la race des patrons, une méthode qui avait le mérite d'être logique ! Pas sorcier d'empêcher les gens de travailler, il suffisait que la totalité des subventions du non-travail soient équivalente à leur salaire.

À l'époque, épouse d'un promoteur, je l'accompagnais sur ses chantiers. En l'attendant, je bavardais avec les uns et les autres, prestataires, commis, main-d'œuvre. Il arrivait que me soit déléguée une réalisation en province, durant les mois de construction je passais deux jours par semaine sur place.

De l'ouvrier de base au maître d'ouvrage, nous étions une trentaine, un groupe homogène perdu au milieu des grues à quelques kilomètres d'une bretelle d'autoroute. Ça crée des liens. Nous partagions « canons du matin » et « cantine du midi » dans le seul bistrot ouvert proche du péage, un routier au menu unique. Dans cette atmosphère conviviale et après quelques verres de vin râpeux, on oubliait vite qui était qui, les langues se déliaient, d'une table à l'autre chacun lançait son avis en s'accompagnant de grands mouvements circulaires de fourchette. J'aurais dû inviter mon oncle Mitterrand à déjeuner dans l'un de ces sympathiques caboulots, intelligent comme on le disait, il aurait été édifié par le résultat des nouvelles dispositions sociales de son gouvernement. Les décideurs ne vont jamais sur le terrain. Je ne parle que de ce que je connais, moi, j'y étais sur le terrain.

Dans le bâtiment, on trouvait du travail. Conscients de cet avantage propre au secteur, les ouvriers s'organisaient, six mois d'embauche qu'on s'arrangeait pour interrompre sous de fantaisistes prétextes afin de se faire licencier : le peintre avait le vertige sur l'échelle, le maçon devenait allergique au ciment, le plombier se bloquait la colonne, « pouvait plus se baisser » ! Visite médicale. Attestation. Justification. Si le patron, pas dupe, refusait de participer à l'escroquerie au chômage, l'inspection du travail se chargeait de le rappeler à l'ordre. Le tour était joué, on obtenait six mois d'alloc. Aussitôt, adieu malaises et tours de reins, on retroussait ses manches, prêt à bosser un maximum pour gagner en six mois, entre « black » et aides sociales, le salaire légal d'un an !

De chaise en chaise, on échangeait des tuyaux, c'était à qui avait la meilleure combine pour profiter de l'incohérence du dispositif. Un de mes voisins alors provisoirement salarié d'une grosse boîte me prit à partie :

– Faut pas être plus royaliste que le roi, s'« ils » sont devenus fous, autant en profiter avant qu'ils ne changent d'avis, de toute façon, ça va pas durer !

Hélas, le système se conforta de pire en pas mieux.

Pour le petit patron, c'était un drame, impossible de compter sur un compagnon, le plombier ou l'électricien savait que le jeune récemment embauché, une fois « appris », « lui claquerait entre les doigts », sitôt écoulé le temps d'obtenir ses droits au farniente.

– Inutile de se donner le mal de les former, pas moyen d'en garder un !

À l'Élysée, on se frottait les mains, le but était atteint, de plus en plus de personnes réclamaient assistance, les bonnes volontés ne demandaient qu'à s'exprimer, une cellule de crise fut mise en place afin de gérer la juste distribution des subsides.

J'avais gardé des relations avec la chef de cette cellule. Récemment mutée, elle était anciennement affectée à l'Éducation nationale et m'avait soutenue pour une demande concernant l'affectation d'un de mes enfants au collège, c'était une dame attachée aux « valeurs à l'ancienne ».

– Je ne voudrais pas dénigrer mes supérieurs, me confia-t-elle, mais objectivement, on manque de discernement ! On allonge des crédits à n'importe qui, des feignants, des rusés, c'est à qui réclame ! À des jeunes qui n'ont jamais regardé pousser une patate, on file un pécule pour démarrer dans l'agriculture, un logement où habiter, ils empochent les sous en promettant de se mettre à l'ouvrage. Quelques mois plus tard ils reviennent, la campagne leur fiche le cafard ! On ne réclame pas l'argent prêté. Un comble ! On leur propose autre chose !

Cela étant, il est propre à la nature humaine d'accepter l'aide gratuite. Curieux qu'il n'y ait pas eu plus de petits malins pour profiter de cette corne d'abondance ! La France entière était au courant des abus qu'engendraient l'attribution d'indemnités inconsidérées ; les politiques, les fonctionnaires, les membres de la famille régnante qui occupaient un poste dans tel ou tel ministère, tous étaient témoins d'arnaques au chômage, de l'arrêt maladie intempestif, des prises en charge illimitées, tous en parlaient ouvertement mais aucun ne se serait avisé d'enrayer un processus recommandé par le Président qui lui aussi savait certainement où menait sa détermination à liquider les patrons.

Le travail demeure pour certain une jouissance grandiose, met de la gaîté dans le cerveau, représente la réalisation d'un rêve et la preuve de sa propre puissance intellectuelle ou physique. Pourquoi, dès l'avènement du président socialiste, le dénigra-t-on en rétribuant la paresse davantage que le labeur ! Désir de rabaisser l'individu ?

Déprécier le travail remet en cause la santé des gens, leur équilibre, leur goût de l'effort. Comment canaliser l'énergie et éviter la délinquance des jeunes quand ils ne savent que faire pour meubler la journée, comment l'homme de quarante ans, costaud, ne peut-il sombrer dans la dépression s'il est réduit à tourner entre quatre murs ? La générosité de l'État permet de survivre, pas d'effacer les souffrances familières, divorces, échecs, trahisons, les humiliations et les drames intimes qui seront toujours le lot des personnes. Aucun gouvernement, quels que soient les droits qu'il octroiera, ne pourra éviter l'injustice du malheur, mais la seule manière de moins y penser, c'est par le travail. Et la solitude, le fléau du siècle comment y échapper ? Qu'ils soient bons ou mauvais, le travail permet les contacts humains, on parle à quelqu'un ! On est inséré dans une structure.

Comme je m'étonnais du chagrin d'une femme seule désolée du départ de son fils de vingt-sept ans, elle m'expliqua ce qui la désespérait. En semaine, ça allait, son emploi était fastidieux mais elle avait les copines du bureau pour partager, rire et discuter. Du vendredi au lundi matin, désormais, elle n'entendrait plus le son d'une voix !

Peut-être voulait-on favoriser la croissance des laboratoires pharmaceutiques ? La consommation d'antidépresseurs se multiplia !

Que pouvait comprendre François Mitterrand aux bienfaits du travail ? Un intellectuel indifférent au quotidien des gens, un érudit dont l'essentiel du boulot était de réfléchir, le fruit de ses réflexions délégué à des sous-fifres qui exécutaient. Lui pouvait alors s'adonner à ses occupations favorites, flâner dans les rues de Paris... Causer avec les bouquinistes... Jouer au golf le lundi… Et quand il avait envie d'un peu de tendresse, il n'avait qu'à passer un coup de fil pour qu'aussitôt accoure une amoureuse…

Il n'y avait rien à attendre du grand manitou, protégé des réalités par une armée de technocrates, il était occupé à jouir de ses privilèges.

Si les ouvriers manuels échappaient à la déprime de la réflexion obligée par le travail clandestin, les commandes se multipliant d'ailleurs pour les meilleurs, les cadres bardés de diplômes, une fois licenciés, eux ne pouvaient s'en sortir. Même leurs légitimes les plaquaient ! Pas de « noir » pour les sous-directeurs et adjoints en fin de droits, aucune chance de se réinsérer ! Et pour les patrons de PME en faillite, pas d'allocations chômage ! Pendant leurs interminables promenades le long des quais, ils pensaient plutôt à se jeter dans le fleuve qu'à l'avenir de la France. Le Président, c'est comme le bon Dieu, il a d'autres priorités que le malheur du cadre supérieur. Celui-ci, dans l'espoir de faire entendre sa misère, se résignait à en entretenir le neveu, Olivier, mon mari.

Il ne pouvait modifier la conjoncture mais savait écouter. Souvent, le samedi, il me demandait d'assister au rendez-vous avec l'un de ces pauvres gars, qui essayait de sauver les apparences par des vêtements en rapport avec la profession qu'il n'exerçait plus. Le costume fané, les chaussures usées rappelaient la fonction d'antan. Je proposais un rafraîchissement et notre visiteur exposait sa situation « déplorable ».

Peu leur importait de pouvoir enfin visiter musées et jardins publics, tous avaient honte, ils employaient des expressions navrantes : « Je crève de solitude », « Je me fais l'effet d'un vieux chiffon », « Un parasite »… On avait beau leur répéter qu'ils n'étaient ni chiffon ni parasite, ils ne pouvaient détacher leur esprit de la désolante image qu'ils avaient d'eux-mêmes.

Si le président de la République ne s'acharnait pas à dégommer la race des employeurs, il aurait certainement modéré les taxes et les contraintes sociales dont ils furent surchargés dans le but de les dissuader d'engager du personnel.

Plus un chef d'entreprise qui n'ait un cauchemar personnel à raconter, un commercial en « congé maladie » passait ses journées au café en face du bureau à le narguer, des indemnités trop lourdes à verser au comptable qui exigeait un licenciement parce qu'« il s'en foutait, lui, des comptes ! ». Absentéisme, insolence, dont il fallait s'accommoder puisqu'on était lié à moins de se plier à l'injustice de la loi, et la loi existe pour obliger le vilain patron à supporter la mauvaise volonté, mauvaise foi, du toujours gentil employé.

Lorsque moi ou Olivier présentions à un patron encore debout ou directeur encore en fonction un de nos protégés du samedi, traumatisé, il nous rembarrait :

– Ne comptez pas sur moi pour vous le prendre votre type, je préfère travailler le double, plutôt que de m'emmerder avec la nouvelle législation !

Quelle pagaille ! Moi je comprenais tout le monde, le boss en colère comme l'ex-cadre en rade auquel je conseillais de se reconvertir dans un métier manuel avec « black » et subsides assurés.

Les conséquences de la politique de Tonton, tout le monde connaît, le pouvoir d'achat baisse, on augmente les gratifications, l'argent manque, on s'entête. L'erreur est humaine, persévérer est diabolique. Mitterrand, diaboliquement intelligent, persévérait.

Pendant ce temps, l'État dont mon oncle était le chef multipliait ses dépenses, voitures, notes de frais, voyages organisés où la plupart des invités qui en revenaient tout bronzés n'avaient pas leur utilité mais ne résistaient pas à me faire partager le plaisir qu'ils y avaient pris ! Et je ne voyais que ce qui se passait sous mon nez ! J'étais l'intruse, l'espionne venue d'ailleurs, en ma présence on faisait gaffe de ne pas en dire trop ! Inutile d'être très maligne pour découvrir, par bribes et recoupements que l'argent du contribuable contribuait, entre autres, à améliorer l'ordinaire des familiers de l'Élysée. Je rageais de deviner où filaient mes impôts dont les feuillets s'épaississaient impitoyablement. Je vais me faire mal voir en tenant de tels propos, mais j'étais bien placée pour constater les débordements, et il y avait de quoi être révoltée.

Partout où j'allais, sorties d'écoles, interminables palabres chez les commerçants de mon quartier, dîners en ville, on me voulait porte-parole.

– Pourquoi vous ne le criez pas haut et fort, que nous en avons marre de ces manigances hypocrites ! Nous étouffons sous les taxes tandis qu'« ils » s'enrichissent !

Puisque je portais « son nom », il était de mon devoir d'intervenir ! Si seulement j'avais pu ! Comme eux, je remplissais mes devoirs de contribuable bien soigneusement. Parfois j'en avais assez des reproches et conseils, je me rebellais.

On voulait m'envoyer au charbon, mais pas un ne me suivrait si je partais en guerre. Ils râlaient en s'exécutant gentiment, incapables de descendre dans la rue pour gueuler ! Les messieurs en cravate qui nous servaient de leaders étaient trop timorés, il aurait fallu soudoyer un syndicaliste pour nous représenter, avec une grosse voix et des gros mots, il ne se serait pas embarrassé de scrupules pour plaider notre cause ! Poliment, nous nous plaignions en sourdine et courbions l'échine ! Et comme solution miracle, ils n'avaient rien de mieux à proposer qu'une « nièce rapportée ». Ils croyaient au Père Noël !

– Mitterrand n'a absolument rien à fiche de la femme de son neveu…

– Oui, mais il aime les jolies femmes, tu pourrais…

Toujours cette trompeuse réputation de dragueur qui lui collait à la peau !

– Vous me prenez pour qui ? La patriote en service commandé !

Comme si Mitterrand se laissait berner par ce genre de comédie ! Il connaissait la chanson, les dames pour lui roucouler qu'il était beau, il en avait autant qu'il en voulait ! Même par amitié, il ne levait pas le petit doigt. Préoccupé par ses propres problèmes, il se fichait éperdument de ceux du voisin ! Une de ses copines très proches, une vraie intello comme il les aimait, littéraire et renommée, avec laquelle il déjeunait régulièrement en tête-à-tête, crut pouvoir profiter de leur mutuelle amitié pour obtenir une petite ristourne fiscale. Une voiture de fonction O.K., pour le reste, « c'est pas moi » ! Elle fut dirigée vers le ministre des Finances, qui se montra intraitable. Alors, moi, la brebis noire de ma belle-famille, comme émissaire, je n'aurais pas fait long feu !

En revanche, une vraie manifestation sous les fenêtres de l'Élysée, pourquoi pas ? La moitié du pays unie, comme nous l'avions été pour revendiquer le droit à l'école libre, la victoire avait alors été rondement remportée, on n'avait plus entendu parler de ce qui avait été l'un des leitmotive de la campagne du Président. Bien sûr les parents sont plus nombreux que les contribuables. Mais enfin ! Il n'y a pas de honte à s'allier pour se défendre…

Je tentais de suggérer mon point de vue :

– Si nous cessions, à l'unanimité, de payer nos impôts tant que le montant n'en serait pas négocié avec une âpreté semblable à celle dont les travailleurs discutent leur salaire, nous aurions une chance de nous faire entendre !

Pas d'écho ! C'est terrible comme les bourgeois traditionnels sont proprement écrabouillés par la fatalité. Aucun espoir de rébellion, un monde englouti.

Je l'aurais juré, ils avaient un argument, tout prêt :

– 48 % de la population, ce n'est pas la majorité !

En fait, tout le monde acceptait sans rechigner de cotiser pour les frais fixes du Président, et Dieu sait qu'il en avait. La famille d'abord, chauffeurs et gardes du corps à temps plein. Pourquoi, soudain, les proches du chef de l'État ne pouvaient-ils plus tenir un volant ? Ensuite venaient les copains de promenade, qui avaient pris le pli de sortir escortés… Amis logés en appartement de fonction… Camarades pistonnés qu'il fallait flanquer de chauffeurs eux aussi ! L'un d'entre eux me confia que ne sachant plus utiliser les horodateurs, comment ferait-il s'il devait lui-même s'en servir tout seul ? Il riait ! Ce fut sans aucun humour que je lui avais répondu qu'à 250 balles la contredanse, on prenait vite le pli ! La liste des favoris était longue. Ministres trop pressés pour voyager en avions de ligne. Dames légères pour la bagatelle ou femmes connues pour se pavaner en public. Pauvres de service pour la charité. Amuseurs pour amuser. Il en fallait des sous pour assurer le confort de ce petit monde. Victime de son grand cœur, comment Mitterrand aurait-il pu réduire le nombre d'inséparables affectés à sa « suite » ? La philanthropie présidentielle engendrait quelques dévoiements, mais tant pis, même l'opposition les excusait !

Le seul qui ait osé les dénoncer à voix haute fut Frédéric Mitterrand, au cours d'un débat télévisé !

Tonton aimait la paix, ses promenades quotidiennes dans une ville calme, nous aurions peut-être obtenu gain de cause en le dérangeant dans sa quiétude. Il aurait craqué comme il craquait pour une grève menée par les employés de la SNCF. Ceux-là savaient se débrouiller. À la veille de chaque élection, ils débrayaient, exigeaient de nouveaux avantages et les obtenaient : primes de fin d'année, de travail, de parcours, de TGV, de charbon... gratifications de vacances, gratifications annuelles d'exploitation... 25 heures effectuées par semaine... Indemnités pour heures supplémentaires... Allocation non imposable de déplacement... Quasi-gratuité des transports pour les agents et leurs familles... Retraite à cinquante ans.

Mais vu la fermeté de leur mouvement, le gouvernement aurait donné n'importe quoi pour obtenir la satisfaction des cheminots, d'autant plus qu'il avait l'adhésion des usagers, énergiquement résolus à ignorer à quel prix les trains se remettaient à rouler, pourvu que « ça roule » !

Puisque Mitterrand cédait si gentiment, « Y a qu'à » se syndiquer nous aussi, patrons de PME, cadres moyens, épargnants âgés, professions libérales, s'organiser en corporation, s'unir entre nous, bref, l'enquiquiner jusqu'à ce qu'il se penche sur notre cas avec pareille compassion que celle qu'il mettait à gérer celui des gueulards ! Essayons au moins de tenter le coup !

Aucun risque ! La révolution n'était pas leur truc à mes camarades bien élevés, des excuses plein la bouche ! On n'allait pas s'abaisser au niveau de l'employé mécontent, il fallait garder la tête haute... Dignité... Honneur... En guise de consolation, on assène sa supériorité par cette phrase stérile : « Nos dirigeants sont des cons » ! Pas tant que ça puisqu'ils nous plient à leur guise ! Faut-il être borné pour sous-estimer l'adversaire ! Juste capables de maugréer des insultes, comme combattants on aurait pu faire plus vindicatifs, le Président pouvait se la couler douce, risquait pas d'être dérangé !

Applaudi par la presse, avec cette morgue qui lui était propre François Mitterrand, en toute impunité, critiquait les épargnants qui s'évertuaient à préserver le fruit de leur travail passé, avec suffisance rabaissait au plus bas les efforts de ces « Français qui s'enrichissaient en dormant ». Quel toupet ! Et quand la bourse s'effondre, ruinant les petits porteurs, s'occupait-il de leurs insomnies ?

La bourgeoisie se soumettait humblement au verdict suprême ! Jamais ils n'auraient osé recourir à la force pour réfuter un jugement humiliant ! Respectueux de la démocratie, ils encaissaient la condamnation, consentaient d'être ridiculisés par cette gauche qui les écrasait de sa prétendue intégrité, tout en pratiquant de successifs délits d'initiés !

Mes amis, eux, poursuivaient leur idée, n'en démordaient pas ! Avec l'énergie du désespoir, on me sollicitait : moi une Mitterrand, vu ma position privilégiée... Il me revenait d'office d'en informer qui de droit... Une fixation névrotique.

À l'occasion d'un dîner avec mon beau-père, je me jetai à l'eau, le sujet fut abordé. Sans parler du rentier, qui de toute façon demeure l'homme à supprimer de la planète, était-il normal que le travail d'un seul Français en nourrisse deux et demi ?

– Et vous, révéré beau-papa, qu'en pensez-vous ?

Question indigne ! Le visage de « l'adorateur perpétuel » de notre Président se crispa.

– Ceux qui paient des impôts ont de la chance, les autres sont à plaindre, les pauvres qui sont réduits à recevoir des indemnités.

Ce soir-là, j'ai eu de la veine, mon mari était de mon avis. Nous recevions une amie, fonctionnaire, socialiste de la première heure, qui eut le courage de me soutenir. Le beau-papa fut sec comme un coup de trique et la discussion en resta là, car nous apprîmes de sa bouche que son frère avait d'autres chats à fouetter que de s'occuper du contenu de nos porte-monnaie. Il fallait s'adresser au ministre des Finances.

On servit le dessert. Mer ou montagne pour les prochaines vacances ? À gauche comme partout, la conversation mondaine sauve bien des situations et mon beau-père y excellait. Noyer le poisson est une spécialité mitterrandienne. Inutile d'insister. Comme tout le monde, lâchement, je la bouclai.

Rien que de me plonger à nouveau dans l'incohérence de cette époque, j'en ai des tremblements nerveux. Mieux vaut pour ma santé passer à moins révoltant ! Nous aurions dû être plus vindicatifs, j'aurais dû faire quelque chose, la grève de la faim, arrêter les courbettes, dire non. Moi aussi je suis coupable.

Allons, oublions rancunes et regrets, mon mari était bon pour moi et mes enfants. Olivier Mitterrand me donna la plus belle preuve de son amour pour nous trois.

CHAPITRE 14

ET DEUX MITTERRAND DE PLUS ! FALLAIT-IL LES AIMER POUR LES ADOPTER !

Je ne connais qu'un seul devoir, et c'est celui d'aimer.
ALBERT CAMUS

Mes aînés grandissaient en colère contre la terre entière. Leur père avait disparu de la circulation. D'après mes chérubins, c'était ma faute. Blessés d'être rejetés, ils étaient démoniaques, ne fichaient rien à l'école, ma fille fumait à treize ans, fuguait à quinze. Je ne possédais pas l'autorité naturelle, j'évitais de les taper, mais je me détruisais les cordes vocales tant je criais. Un réflexe animal propre à mes origines familiales que je m'efforçais de corriger. J'avoue avoir énormément utilisé ce moyen d'expression avec mes aînés, beaucoup moins avec le troisième, plus du tout avec le dernier, parfois je lui dis que je devrais louer une mère crieuse afin de parer au laxisme de mon éducation dont le résultat est en outre excellent, car mon cadet est un être charmant.

Olivier était un beau-père admirable, mais tenait un rôle ingrat, quand il essayait de sévir, aussitôt, mes enfants se rebiffaient : « T'es pas mon père, t'as rien à dire », vigoureusement soutenus par leur grand-mère maternelle. Je m'excusais, le remerciais et m'astreignais à assumer la fonction du papa absent. Au quotidien, j'étais seule à gérer mes monstres.

À douze ans, Guillaume, mon fils, n'écrivait pas son nom, ni sur une copie, ni sur un cahier, nulle part, à vous de deviner ! La prof principale ne fut pas longue à reconnaître l'anonyme de la classe, le seul à ne pas s'identifier, le seul également à rendre des copies désastreuses jusqu'à l'insolence. Aussitôt convoquée, on m'expliqua que l'enfant était mal dans sa peau ! Je m'en étais doutée !

Pendant le goûter, entre Nutella et saucisson, je m'acharnai à lui tirer des informations,

– Mon petit amour, qu'est-ce qui ne va pas ? Tu peux me le dire à moi !

– Fous-moi la paix.

On va loin avec une telle réponse ! Je voulais tant qu'il sente que mon amour le protégeait,

– T'en fais pas, je suis là moi, je t'aime pour deux...

– Ça me fait une belle jambe...

Aimable le bambin, il était mignon avec ses yeux noirs et son lumineux sourire, il riait énormément mais n'arrêtait jamais de bouger. Il ne tenait pas assis plus d'une minute, montre en main. Incroyable comme il remuait ! Incessamment, il semblait chercher quelque chose, par terre, sous le lit, au plafond, derrière les meubles ; mon mari, mon père, ma mère attrapaient le tournis. « Ne peut-il se tenir tranquille cinq minutes ? » Non, mon gosse à moi n'était pas tranquille. La mère s'habitue, s'ajuste à son enfant, et bientôt ne remarque plus ses manies, parfois les accompagne dans le but de créer un semblant de symbiose. Je le suivais dans ses mouvements incohérents, nous poussions le lit, son bureau, tous les deux à genoux ou à quatre pattes tandis que j'exprimais mon point de vue :

– Pour avoir de bonnes notes, il faut se concentrer, d'abord deux minutes puis quatre, puis dix, parions une minute d'inaction pour commencer…

Pour me montrer qu'il était d'accord, aussitôt il faisait le poirier, un abat-jour se fendait, une pile de livres dégringolait que je ramassais sans m'émouvoir, et je reprenais ma tirade. Je lui disais, lui répétais combien je l'aimais, puis lui bourrais le mou pour qu'il révise ses leçons, et dans l'espoir de ne pas le traumatiser exagérément, je revenais à l'amour que j'avais pour lui.

– Tu me soûles, grognait-il.

De temps en temps, mon fils m'arrêtait. Il avait souvent besoin d'être rassuré. Lors de notre premier rendez-vous, quand on me le posa tout nu sur le ventre, avais-je vraiment été irradiée par le bonheur ?

– Dis maman, c'est vrai que j'étais le plus beau jour de ta vie ?

– Ah ça ! je te donne ma parole, ta naissance et celle de tes frères et sœurs furent les plus beaux jours de ma vie !

Bienheureuse trêve, il recouvrait un peu calme, je sautais sur l'occasion.

– Pourquoi ne veux-tu plus écrire ton nom ?

Bougonnements, onomatopées… La maman caresse les cheveux, appelle à la raison.

– Chéri, réponds-moi, ce blanc sur tes copies fait curieux, puisque tu écris la date, ce n'est pas fatigant de griffonner ton nom !

Un quart d'heure plus tard ou le lendemain, la réponse tomba quand je ne m'y attendais plus :

– Je sais pas comment je m'appelle.

À l'école, lui et moi n'avions pas le même nom, légalement il ne pouvait porter celui de son oncle, mon frère, dont il était si fier, ses affiches s'étalant dans le quartier et sa réputation sans tache en faisant le saint du Gros-Caillou.

Et naturellement il refusait le nom du père qui l'avait plaqué, choisissant de se réfugier dans l'anonymat.

Généralement j'essaie de tourner en rire les problèmes de mes petits, mais là c'était trop pathétique, je l'embrassais, le serrais, il râlait que je l'étouffais, et je pris un rendez-vous avec le plus grand, le meilleur, la vedette des psychiatres pour préadolescents. Après quelques entrevues avec l'enfant, l'expert, fort embarrassé, nous livra son sentiment.

Olivier et moi en attendions le verdict, assis en face de son grand bureau.

– C'est un enfant agité, constata-t-il.

Ça, on ne l'aurait pas nié !

Il ajouta après un silence :

– Il a un problème d'identification !

Ça non plus nous ne l'aurions pas nié ! Mon mari et moi nous regardâmes, perplexes : le grand ponte se fichait-il de nous ?

– Justement, murmurai-je, nous nous en étions aperçus !

– Et le père ? Où est-il ?

Olivier leva la main,

– Je remplace comme je peux, la communication est difficile avec un enfant qui bouge sans arrêt.

Le praticien ébaucha un geste désabusé :

– Cher monsieur, les enfants malheureux ont le droit d'être difficiles.

Il n'y avait pas de solution. En dépit de nouvelles séances d'analyse auxquelles le praticien mit fin, l'introspection étant impossible avec un garçon aussi remuant. Le psychiatre n'en tirait pas une phrase cohérente, lui aussi déclara forfait ! On s'arrangea avec les profs, ça finirait par se tasser.

Le petit enquiquineur avait dû écouter aux portes et comprendre comment nous émouvoir, il fut encore plus infernal. Ce qu'il nous en a fait voir ! Déguisé en Arabe, il suivait la religion musulmane à la lettre, l'heure de la prière tombait systématiquement pendant les contrôles, il récoltait des zéros ulcérés, je comprenais que les professeurs ne tolèrent pas un garçon qui récitait des litanies, prosterné à quatre pattes, pendant les vingt minutes que durait l'interro écrite. Quand il en avait assez de l'intégrisme, il inventait autre chose, une maladie contagieuse, la main soudain paralysée, des troubles d'élocution à l'oral, ou bien il arrivait à l'école en traînant sous ses semelles des déjections canines si malodorantes que la classe en était asphyxiée. Il était immédiatement mis à pied pour aller laver ses chaussures. Comme par hasard, ses empêchements abracadabrant survenaient systématiquement quand il y avait devoir sur table,

– J'y peux rien, si la merde me colle aux godasses !

– Mais regarde où tu marches les jours d'examen !

– C'est pas ma faute si les chiens ne consultent pas mon emploi du temps avant de chier !

Il avait réponse à tout et s'exprimait d'une manière pour le moins directe, en plus je devais me fâcher, ne pouvait-il choisir un vocabulaire plus courtois pour s'exprimer !

Pour attraper son ballon sans descendre l'escalier, il sauta du deuxième étage de son lycée, traversant une verrière, et atterrit sur le bureau d'un professeur en plein cours, si ensanglanté qu'on le crut mourant. Le personnel de l'établissement rassemblé pour me recevoir m'entoura avec une sollicitude à laquelle je n'étais pas habituée ; son prof principal, qui en général m'abreuvait de plaintes justifiées et de reproches considérés, me prit sur son cœur, en pleurant, et me jura qu'elle l'aimait bien quand même, « ce polisson ». L'imparfait résonna dans mes tympans, j'avais envie de vomir et j'étais aphone. J'entendais des mots, coma, traumatisme, colonne vertébrale atteinte. Je ne vis pas mon enfant déjà enfourné dans le fourgon du Samu que je suivis en voiture jusqu'à l'hôpital des Enfants-Malades, en priant Dieu qu'il me le reprenne plutôt que de le laisser handicapé. Un enfant qui n'avait rien dans la cervelle et tout dans les jambes ! Quelques heures plus tard, de la salle d'attente où mon père, mon mari et moi, prostrés dans l'angoisse, redoutions le pronostic de l'examen, nous l'entendîmes hurler comme un forcené, les trois points de suture qu'on lui faisait au front le réveillant.

– Il va bien, dit Papa.

Le bon Dieu me l'a rendu en bon état, affamé et insupportable. Conduite de la voiture de son oncle sans permis, tonneau. Barbecue avec des copains, début d'incendie. Chute à vélo, col du fémur cassé pour la vieille dame qu'il n'avait pas vue avant de lui rentrer dedans ! Première boum, arrêté dans la rue pour ivresse avant minuit. Dans tout ce qui pouvait s'inventer comme bêtises, il était impliqué et chaque fois « il ne l'avait pas fait exprès ». « Encore heureux », répondais-je ! On lui acheta un punching-ball pour qu'il se défoule et ne défonce plus toutes les portes de la maison en tapant dedans. Je fis des efforts, favorisant son autonomie, je m'astreignis à ne plus sortir ses affaires le soir pour qu'ils les aient prêtes le lendemain. Je ne le coursai plus pour qu'il se lave les dents. Je le laissai bouffer trois camemberts par jour jusqu'à ce que l'on me l'emmène de nouveau à l'hôpital pour douleurs aiguës au bras gauche, l'abus de graisse commençant à lui boucher les artères. Comme le préconisait les professionnels, au lieu d'aboyer, je m'évertuai à baisser la voix pour m'adresser à lui. Pas habitué, il se fâchait :

– Tu peux pas parler plus fort, j'entends rien !

Et je lui servis énormément de spaghettis, nourriture ramollissante paraît-il.

Toujours pas de nom en haut à gauche de la copie.

– Je n'en peux plus, je répétai, ce gosse aura ma peau !

Mon mari me consolait :

– Ne t'en fais pas, un jour, il deviendra un gros monsieur pondéré.

– Mais quand, bon Dieu de bois ? Il est couvert de bosses et de bleus, il va y rester !

Les deux familles, au courant de nos difficultés, levaient les yeux au ciel, cette pauvre Anne-Marie décidément n'était pas une éducatrice, sans un homme pour le dresser, elle n'y arriverait pas ! À bout de ressources, j'appelais mon père, mon frère au secours, quand ils débarquaient, mon fils assis devant son cahier ouvert, s'étonnait :

– Qu'est-ce que j'ai fait ?

Ce démon était un ange, je ne savais pas m'y prendre. C'était ma faute !

Son état empirant, mon mari s'inquiétait. Il était clair que mon fils manquait de père. Toutefois, chacun sait que le gosse de l'autre, même celui de votre femme, n'est pas le vôtre. Olivier ne m'en parlait pas, mais je le sentais tendu, en dépit de son sens du devoir et de sa bonté. Ne pouvant adopter le garçon et pas la fille, il hésitait à rajouter deux enfants aux quatre siens. Je comprenais ses scrupules.

La sœur, question sottises, ne valait guère mieux que son frère, dans un genre différent, elle était aussi pleine de ressources pour éviter d'apprendre ses cours. Une flemmarde invétérée doublée d'une amoureuse enflammée, elle préférait accumuler les fiancés que les bonnes notes ! Ses passions fatales qui à chaque fois devaient se conclure par un mariage nécessitant ma permission puisqu'elle était mineure, nous entraînaient elle et moi dans des disputes apocalyptiques. Je m'époumonais pour la supplier de freiner ses engouements,

– Mais enfin Antigone ! À quatorze ans, tu as l'âge d'aller à l'école, pas de laver les chaussettes d'un mari. Et puis comment songer à te fixer alors que tu changes de fiancé tous les quinze jours ? Tu es sortie avec plus de garçons que moi, ce n'est pas raisonnable !

– Si t'es jalouse, rien ne t'empêche de te rattraper !

Elle était impertinente. Mon agité derrière mettait de l'huile sur le feu, lui, ça le remplissait de joie d'imaginer sa sœur à la lessive.

– Pauvre con, mon mari me paiera la machine... couinait ma créature sans tenir compte du fait que le Mathieu ou le Vincent du jour étant en seconde, le prix d'un lave-linge aurait vraisemblablement été au-dessus de ses moyens...

Nos querelles se terminaient dans les glapissements.

Et les critiques ! Encore le plus pénible du parcours ! Chacun y allait de sa flèche empoisonnée, à croire que j'étais la seule sur terre à louper mon éducation. Ma faute la plus grave était ma personnalité. J'en avais trop, mais comment en gommer une partie ? Par ailleurs, j'étais simultanément hyper-libérale : « ils avaient tous les droits ! » et étouffante comme une mère juive : « ils ne pouvaient pas respirer ». Trop autoritaire mais pas assez directive... Proche mais pas intime... Endoctriner mais savoir se taire... J'avais tout faux, c'était pourtant pas compliqué... On m'abreuvait de conseils : « Y a qu'à... Y a qu'à... » Les mettre en pension... M'en occuper davantage au lieu de taper sans cesse sur un ordinateur... Prendre un prof particulier... Les jeter dans la vie... Ou dans la Seine !

Mon père essayait de m'aider, surtout en me nourrissant.

– Quand on a des soucis, il faut manger...

C'est vrai, tout ça me coupait l'appétit. Il me ramenait des douceurs, m'emmenait au restaurant et tentait de modérer l'ambition que j'avais pour mes enfants, cause essentielle de mes tracas avec des fainéants incorrigibles. Coûte que coûte, je conduirai mes deux sacripants au-delà de la terminale. Nous n'avions pas les mêmes idées, lui se fichait des études, que mes enfants ratent leur bac ne le traumatisait pas, surtout pour la fille, aucune importance puisqu'elle allait se marier ! Le mariage était pour Papa une thérapie imparable pour marcher droit. Nous nous querellions à ce sujet et j'en étais malade ! Une phrase m'échappait que j'aurais voulu retenir :

– Pour qu'Antigone ait ma vie, jamais !

Mon cher papa, mon adorable père était abasourdi, il tirait de la fierté de ma vie, s'enorgueillissait d'en être un peu responsable, j'avais construit un foyer harmonieux, j'étais bonne mère, bonne épouse, c'est tout ce qu'il demandait à une femme. Aujourd'hui il n'est plus là, je peux déplorer les inconvénients de mon quotidien de fée du logis sans craindre de lui faire de la peine.

Je me sentais transparente dans le sillage de mon mari si intelligent, si respectable, dans l'ombre de cette famille si prestigieuse pour laquelle il me délaissait, toujours en visite chez les uns et les autres. Il ne fallait pas déranger Olivier, un homme de devoir, sérieux, altruiste, sa mère rabâchait ses qualités qui devaient me convaincre de son immense « besoin de liberté » ! Dubitative, je me demandais comment diantre il pouvait être plus libre de moi ; il était déjà si souvent absent et moi si souvent seule. Était-ce une manière de me faire sentir que j'étais de trop ? Je restais à la maison avec mes enfants. Semaines après semaines, vacances, week-ends, fériés, j'étais avec eux, mais, je le reconnais, mon mari ne m'encombrait pas, parti, ailleurs, au bureau, en voyage, dans sa famille me disait-il. J'aimais mes poussins, mon Dieu oui je les aimais, accrochés à mes jupes, entassés à quatre derrière dans la Fiat, que de fous rires, que de baisers, quel bonheur la menotte du dernier serrant mon doigt. Ils grandissaient, c'était moins drôle.

La présence d'un père aurait été la bienvenue. Happé par sa famille tentaculaire, il n'avait pas un moment à leur consacrer ! Ce que j'en avais parfois marre de ces Mitterrand et de leurs théories d'avant-garde ! Personne chez lui pour lui rappeler son rôle de père, le devoir d'un homme n'est-il pas de s'occuper de sa progéniture ? L'éducation de « Maman chérie » étant terminée, ne pouvait-il écourter ses visites pour trouver le temps d'élever les mômes dont l'éducation, elle, était à faire ! Il les aimait mais pour le « dressage », il me faisait entièrement confiance ! Bon dieu ! S'il avait pu se méfier un peu de mes compétences, cela m'aurait soulagée ! Je manque cruellement d'autorité naturelle ! Et puis je n'aimais pas ma solitude de femme, j'aurais voulu avoir des défaillances, des faiblesses féminines, quelques larmes parfois ou une crise de nerfs pour qu'un homme, en rentrant le soir, s'inquiète pour moi ! Je devenais une « mère de famille autoritaire », qui mène sa marmaille en « maîtresse femme », un statut qui ne concordait pas avec mes rêves de jeune fille ! Puisque je me débrouillais sans lui, mon mari ne s'occupait plus de nous ! Il n'en avait pas le temps, toujours fourré dans cette famille dont la réputation, la célébrité et le poids commençaient à me peser sérieusement !

Lorsque je m'apitoyais sur mon sort, mon père s'amusait de mes jérémiades :

– De quoi vous plaignez-vous ? Des Mitterrand ? Il aurait fallu y penser plus tôt !

Si Olivier était chez sa mère, c'était mieux que chez une maîtresse qui pousse au divorce !

– Que feriez-vous d'un mari à la maison, le mariage est déjà si ennuyeux !

J'avais des enfants en bonne santé, son gendre gagnait honorablement sa vie, j'habitais un bel endroit… Certains maris étaient exigeants pour offrir de tels avantages, le mien me fichait une paix royale…

– Allons petite, profitez de votre chance, ce n'est pas un dû !

Il avait l'art de remettre les pendules à l'heure. Le pragmatisme à ce point tient de la farce, je crois qu'il aurait trouvé des avantages à un veuvage prématuré ! Je riais et j'oubliais mes désirs romantiques.

N'empêche que lorsque je retrouvais mes deux grands avachis devant la télé, tétant une canette, la fureur me reprenait. Je n'en pouvais plus, je me sentais usée, usagée, épuisée et prête à fourguer mes monstres à l'homme de poigne qui voudrait s'en charger, le mieux placé étant encore le père de leurs frères. Mitterrand ou non, il ferait l'affaire, de toute façon, aucun postulant ne se proposait.

J'évitais d'influencer Olivier. Dans mon for intérieur, évidemment, je priais pour qu'il devienne leur père à part entière. Finies, les sempiternelles insolences des phénomènes :

– De quoi il se mêle, celui-là !

Venimeux, ils évoquaient les deux aînés de leur beau-père et nos deux derniers :

– Il en a quatre à lui, ça lui suffit pas ?

Délicieux commentaires que je réfutais, afin de ne pas adhérer à leur amertume.

– Comment osez-vous ? C'est par affection qu'il se donne de la peine pour vous !

– Putain ! qu'il se la donne pas la peine, si ça le fatigue !

Ce fut l'adorable grand-mère maternelle de mon mari, Mamie Cahier, qui suggéra l'adoption. Ainsi les petits aurait une famille légitime. Peut-être, n'étant pas une Mitterrand, n'avait-elle pas conscience de l'importance du nom, ni la fatuité de ceux qui le portaient. Elle était juste bonne et généreuse. Elle est aujourd'hui décédée. Je lui reste infiniment reconnaissante.

Mais non, ce n'était pas pour la célébrité du « nom », dont par ailleurs les inconvénients compensaient les avantages ! Juste une assistance à mère en perte de vitesse. J'en avais marre de faire le bouledogue ! Avec un père légitime, je ne serais plus seule en première ligne, j'avais atteint mon degré d'incompétence en matière de pédagogie, et perdu la force de beugler sur deux ados.

Chez les Mitterrand, on parle peu mais on agit. Par une lettre provenant du tribunal me demandant de donner mon autorisation à Olivier Mitterrand d'adopter mes petits, j'appris que la procédure était engagée. Nous n'en parlâmes pas davantage par la suite, je ne m'en mêlais pas, mais je peux le dire maintenant, j'en avais de la gratitude et du soulagement.

Je compris que les aînés de mon époux ou ses parents, ceux-ci ne montrant aucune affection particulière pour mes enfants, n'accueillirent pas cette décision avec le sourire. Cependant, les explications d'Olivier mirent vite fin à leurs réticences. Frédéric, son frère, ayant donné l'exemple en adoptant des années auparavant un garçon, des cousins germains s'étaient appuyés le parcours du combattant dans des pays lointains, pour le plaisir d'en élever plusieurs, le geste leur paraissait normal.

En revanche, je m'attendais à ce que ma propre famille accueille la générosité de mon époux comme une preuve indubitable de son affection pour nous trois, un miracle qui gommait mes débuts désastreux, atténuait la peine dans laquelle mon ex-mari maintenait mes enfants en ne les appelant même pas pour leur souhaiter la bonne année ! Avec un père dont ils pourraient être fiers, leur vie reprendrait un cours normal, l'équilibre rétabli, leur scolarité, qui comptait tant pour moi, s'en ressentirait favorablement.

Ce fut un tollé général, le choc de deux civilisations. La nouvelle à peine publiée, on me convoqua en dehors de chez moi pour que Guillaume et Antigone « n'entendent pas », à grand renfort de comparaisons dramatiques et de funestes présages. On voulut m'ouvrir les yeux. L'adoption leur paraissait une folie, appartenait au domaine de l'utopie... Une dangereuse fantaisie dont on pouvait deviner les fâcheuses conséquences... Le peu d'amis autour d'eux qui s'étaient résolus à cette solution après des années de stérilité regrettaient leur erreur... La transmission des valeurs ne pouvait se faire hors celle des gènes, que diantre cachait cette décision folle ? Encore une histoire de socialistes ! Les lois de Dieu sont impénétrables, Olivier n'est pas leur père, un point c'est tout. Il avancèrent une multitude de prétextes, je pense que la vraie raison était culturelle : « Ça ne se fait pas. » Ce n'était pas dans leurs coutumes.

Même mon père m'interrogea avec une inquiétude mêlée, disons-le, d'une soudaine méfiance à l'endroit de son gendre. Pourquoi donc Olivier voulait-il se charger de ces deux démons ? Qui donc lui avait mis pareille idée dans la cervelle ? Papa avait le cœur assez étroit et ne possédant pas l'héroïsme de mon mari, ne pouvait aimer d'autres enfants que les siens.

Ma mère, elle, s'insurgea plus énergiquement. Le nom de Mitterrand était déjà assez lourd à porter pour les petits, ceux qui n'y étaient pas contraints par la nature n'avaient pas à se l'approprier. Dans mon for intérieur, je pensais qu'elle craignait également de perdre la mainmise sur leur éducation ; on avait eu la chance de se soustraire à l'influence du géniteur devant l'autorité duquel il eût fallu s'incliner, on pourrait tout de même éviter celle d'un père adoptif, qui, aussi charmant fût-il, ne respectait pas l'heure des repas, se nourrissait à l'américaine à même le réfrigérateur, ne pratiquait aucune religion, poussant l'agnosticisme jusqu'à se moquer de Dieu en s'inquiétant de la taille de sa barbe ! Et pour couronner le portrait, omettait d'enseigner à ses fils les coutumes les plus banales comme celle de baiser la main des dames.

Dernier détail : si mes parents avaient été obligés de tolérer l'alliance de leur famille à celle du Président, elle leur pesait assez pour ne pas l'affermir davantage.

Je m'évertuai en vain à les convaincre que ces pauvres gosses ne pouvaient continuer à espérer le retour d'un fantôme ; on n'allait pas leur refuser l'amour d'un père pour une histoire de gènes qui n'avaient en outre rien de remarquables !

Les seuls à être vraiment concernés étaient les enfants d'Olivier ; ils acceptèrent, avec une grande dignité, un frère et une sœur supplémentaires. Mon ex-mari pouvait contrecarrer le projet, mais quand le procureur de la République réussit enfin à le retrouver, il consentit sur-le-champ, content de se dégager comme par magie d'un nombre certain de pensions en retard. L'adoption ne se serait pas faite si ma famille avait eu son mot à dire, mais leur aval n'étant pas exigé par le tribunal, quelques mois plus tard les fiches d'état civil de Guillaume et Antigone furent modifiées.

On peut reconnaître à Olivier Mitterrand la beauté du geste.

Dans cette famille, les hommes ont de la grandeur dans tout ce qu'ils entreprennent, pas de demi-mesure, dans les petites comme dans les grandes actions ; ils sont royaux, le mot « étriqué » n'a pas de sens pour eux.

Voilà aujourd'hui plus de dix ans qu'Olivier leur a donné son nom, mais, chez moi, on refuse toujours de le leur attribuer. Quand on présente ma fille en l'appelant du nom de son père chromosomique, elle se décompose comme sous une insulte, et ne rectifie pas, sans doute trop vulnérable pour se défendre. La colère me prend.

– Ignorez-vous qu'Antigone est la fille légitime de son père, Olivier Mitterrand ? Elle s'appelle Antigone Mitterrand.

Visages impassibles. Tiens donc, première nouvelle !

Pourquoi ces stupides conventions ? Pourquoi s'acharner à lui rappeler une réalité génétique qui la fait souffrir ? Ne peut-on avoir un peu de compassion pour la petite fille « génétiquement » abandonnée, qu'Olivier consolait en rentrant le soir, alors qu'elle avait passé tout le jour de son anniversaire à attendre que le téléphone sonne pour elle et qu'il était resté muet.

– T'en fais pas, je suis là, moi, petite Tickette.

Lui n'oubliait pas le petit cadeau, l'énième trousse de maquillage dont ils comparaient ensemble la couleur des rouges à lèvres. Elle était heureuse !

– Ce n'est pas grave, mentait-elle, je savais qu'il n'appellerait pas !

Souvent les enfants ont de la fierté.

Elle avait six mois… Olivier veillait sur elle depuis le berceau, il semble normal qu'elle le considère comme son père.

Dès que mon fils et ma fille purent profiter des avantages qu'ils découvrirent avec leur nouveau nom, ils s'en donnèrent à cœur joie et sans aucun vague à l'âme. Il suffisait qu'ils présentent leur carte d'identité à l'entrée des boîtes de nuit, même interdites aux mineurs, pour que les portes s'ouvrent largement pour eux et leur bande de copains respectueux d'un tel pouvoir. Leur satisfaction fut une nouvelle cause de dispute avec l'éducatrice que j'aurais dû être. N'étaient-ils pas crétins de susciter l'envie de leurs camarades, un jour ça leur retomberait sur le nez, il faudrait régler l'addition ! C'était indigne d'agir comme certains membres de cette famille qui utilisaient leur filiation à des fins personnelles. Combien de fois avions-nous entendu railler celui qui afficha un panneau sur son pare-brise « je me nomme Mitterrand, pas de contravention », ou cet autre qui agita un paquet de billets d'avion afin de doubler une file d'attente un 31 juillet à Orly, en criant : « Priorité à la famille Mitterrand ! » À de rares exceptions près, le système fonctionnait, ceux qui vilipendaient le plus fort le régime accordaient des passe-droits avant même d'être sollicités.

Des avantages de cet ordre, j'en profitais moi aussi, je l'avoue. Qui refuse d'attendre son avion dans les salons feutrés réservés aux « classes affaires » au lieu de se tasser dans des halls où se presse la foule ? Mais aucun règne n'est éternel, tôt ou tard, il faut payer le prix d'avantages injustement acquis.

L'adolescence est inaccessible, j'ignore si je me suis bien fait comprendre par mes teenagers. En ma présence, ils s'abstinrent de provoquer leur entourage en obtenant d'immérités privilèges, c'est certain, même involontairement nous en avions.

CHAPITRE 15
ET SI NOUS PARLIONS DES AVANTAGES ?

Ce sont les passions et non les intérêts qui mènent le monde.
ALAIN

En plus de mes fonctions de mère de famille, j'écrivais. Chacun son échappatoire. Pendant les siestes du plus jeune, dans les salles d'attente, en les regardant jouer au foot, j'écrivais. Sur le conseil de mon mari, et avec son aide, car les enfants grandissant, il s'inquiétait, après quinze ans d'activités maternelles non-stop, d'une oisiveté dont il ne désirait pas supporter les conséquences, j'avais publié un premier livre, *Je marcherai sur ton corps*, l'histoire d'une femme ambitieuse qui sacrifiait enfants et mari à son talent de peintre, pour lequel François Mitterrand m'avait gentiment félicitée. J'avais eu quelques papiers dans la presse et me voyais déjà sur les traces de Simone de Beauvoir. Un soir, Olivier était à l'étranger, je rentrais d'un dîner chez le producteur qui m'avait jadis fait travailler, dîner au cours duquel un baratineur dragueur, vaguement introduit à la télé, m'avait quasiment promis de faire un feuilleton de ma prose. Pas du tout investie dans le milieu du showbiz, confiante, j'étais certaine de la suite favorable qui serait donnée à cette affaire. Ayant l'esprit en permanence ailleurs, je suis terriblement distraite et conduis très mal. Mes garçons connaissaient le code de la route dès leur plus jeune âge pour me le rappeler sans cesse, ils m'avisaient également des obstacles, des feux rouges, des sens uniques, mais ce samedi soir à minuit, ils n'étaient pas là pour me remettre sur le droit chemin. Absolument ravie de voir bientôt « ma Nora » (l'héroïne de mon livre) se matérialiser sur le petit écran, je roulais trop vite en écoutant un opéra de Rossini. Oubliant sur quelle pédale je battais la mesure, je ne vis pas un immense lampadaire vers lequel je me précipitai joyeusement, percutant violemment le poteau qui vint se briser sur le toit de ma voiture. L'accident spectaculaire et sonore réveilla un monsieur en pyjama, bientôt police et Samu m'extirpèrent de mon véhicule, consciente et saignante. Aussitôt on m'installa dans une ambulance, je bredouillai que je n'avais rien, juste des coupures sur le front qui en effet saignaient abondamment. J'avais presque convaincu le brave infirmier de me laisser rentrer chez moi, quand la tête d'un policier surgit entre les deux battants de la porte, intimant l'ordre de stopper immédiatement les soins.

– Cette personne ne relève pas de la compétence du Samu mais de celle des pompiers.

Par ma carte d'identité, on avait découvert mon nom, c'était à l'organisme public de me prendre en charge. De cinq, ils furent promptement une vingtaine à s'empresser autour de moi en s'engueulant avec les mecs du Samu vexés qu'on leur enlève une cliente prestigieuse. En brancard public, on me transbahuta du camion blanc dans un rouge ; les pompiers se confondaient en excuses.

– Madame Mitterrand... Ne nous en voulez pas... Nous ne pouvions deviner à qui nous avions affaire...

Le chef de brigade et ses acolytes se creusaient le chou pour savoir qui prévenir, Matignon ou l'Élysée, les infos, la rue de Bièvre... Sainte-Vierge ! Mon mari détestait se faire remarquer, et surtout, je craignais que Papa n'apprenne la nouvelle brutalement, il adorait sa fille et n'était pas tout jeune. Un peu chamboulée, j'avais du mal à m'exprimer correctement et m'égosillais d'une voix aphone pour prouver ma bonne santé, et implorer qu'on ne prévienne qui que ce soit ! Aussitôt, on me colla un masque à oxygène sur le nez sans doute pour me faire taire, et on roula-dare dare à grand renfort de pimpon vers le Val de Grâce, hôpital militaire où devaient être accueillis les membres de la « famille ». Une équipe m'attendait pour constater après examens multiples qu'à part deux côtes fêlées, des égratignures au front et un ongle cassé, j'étais en pleine forme. Mon mari à l'étranger ne put être contacté, mais on réussit à joindre mon fils aîné qui bientôt arriva, complètement affolé. Quand il comprit qu'on l'avait dérangé pour des prunes, il était content que sa mère soit vivante, nettement moins d'avoir été interrompu dans la pratique de la séduction, en effet, pour la première fois, il ramenait une demoiselle à la maison. Il râlait sec dans l'ambulance qui nous transportait tous les deux à trois heures du matin vers notre domicile.

– Décidément, tu te débrouilles toujours pour intervenir au mauvais moment !

J'avais pourtant interdit d'ébruiter l'incident, mais quand on s'appelle Mitterrand, la moindre anicroche fait du bruit.

À partir de huit heures le lendemain, le téléphone sonnait, les permanences de nuit avaient informé dès l'aube ceux qui devaient l'être. Oncle François m'appela dans la matinée pour me souhaiter un prompt rétablissement et me conseiller davantage de prudence.

– Que vous avait donc fait ce poteau, pour l'attaquer si énergiquement ? blagua-t-il. Il était charmant.

Nous avons ri, mais j'étais drôlement confuse.

Parfois, appartenir à une famille célèbre présente des inconvénients plus sérieux. Dans le cas d'une décision grave à prendre, la notoriété du nom peut entraîner un effet paralysant. Dans le cas d'une erreur médicale involontaire, l'affaire est aussitôt étalée dans les journaux, pouvant détruire la carrière de l'interne qui prudemment refuse d'endosser une responsabilité trop lourde de conséquences. Autant ne pas bouger et attendre l'avis du chef de clinique dont la ligne est justement occupée ou celui de monsieur le Professeur en vacances à l'île Maurice. Pendant ce temps passé en hésitations, le blessé attend.

J'ai vécu cette situation. La naissance de l'un de mes enfants s'annonçait mal, et le gynécologue qui devint notre ami par la suite nous avoua qu'il avait fortement hésité à mettre au monde notre bébé qui risquait un accident même avec une césarienne. S'il ratait l'accouchement d'un petit Mitterrand, il pouvait changer de métier, plus personne ne lui ferait confiance. S'il n'avait eu le courage de nous prendre en charge, je ne vois pas qui l'aurait fait car je m'étais auparavant heurtée à deux refus.

Mais bon ! Globalement, nous bénéficiions de certains avantages dans les institutions publiques, hôpitaux, SNCF ou police nationale ; la file d'attente était moins longue pour obtenir un lit ou une place de train.

Lors des fugues de ma fille, la brigade des mineurs se donnait plus de mal que moi pour la retrouver. Olivier les prévenait pour se prouver ses qualités de père à part entière tandis que, flegmatique, je maîtrisais une situation qui se répétait trop souvent pour être sérieuse. Mais eux, les spécialistes, recherchaient la capricieuse petite-nièce du Président avec certainement plus de zèle que la nièce de personne. Quand ils me la ramenaient au matin, guillerette, nos aimables détectives nous laissaient à nos épanchements.

– Tu m'aimes encore ? m'interrogeait-elle.

Sans rancune pour la nuit blanche, ils se retiraient en me remerciant :

– À votre service, madame Mitterrand.

Je prévenais ma fille : après sa majorité, les gendarmes ne se déplaceraient plus.

Pour un cambriolage, l'intrusion d'un indésirable pendant un anniversaire, ou pour retrouver un enfant égaré, nous constations que nous pouvions compter sur la fonction publique qui paraît-il rechigne à se déplacer pour un citoyen ordinaire.

Des amis d'Olivier nous avaient confié leur fils de seize mois pour le week-end ; la mère était japonaise et l'enfant, Kenji, typé. Le dimanche, la nounou de mon enfance avait l'habitude de promener mes enfants et leurs cousins. À l'époque, ils étaient huit, en effet ça commençait à chiffrer, mais il n'y avait pas de rue à traverser, et bien qu'âgée elle n'avait qu'à s'asseoir sur un banc, devant un tas de sable, avec une ou deux poussettes que poussaient les aînés. En général, ils rentraient au complet. Cette fois-ci, au retour, je remarquai qu'il en manquait un. On avait perdu le rajouté.

Je m'inquiétai, qu'avait-elle fait du petit Kenji ?

– Qui c'est cui-là ? s'étonna-t-elle.

Au nom du ciel ! Ne se souvenait-elle pas qu'il y en avait un de plus ? Noir complet.

Elle réfléchit en vain.

– Ma petite Anne, tu m'en poses de ces questions !

Qu'allait-on dire aux parents ? Je commençai à m'énerver.

Elle se creusait la cervelle.

– Y en avait neuf, y en a plus que huit, où donc est passé le manquant ?...

Soudain, la mémoire lui revint.

– Mince alors, j'ai perdu le Chinois !

Puis elle se perdit en justifications :

– C'est pas une idée ! Aussi, d'où vous le sortez ce Chinois-là ! Ils sont pas comme nous ! Fichtrement silencieux avec ça...

À dix-huit mois, rares sont les bavards ! Où donc était passé le bébé ? Il fallait le retrouver avant d'avoir à annoncer une horrible nouvelle à sa mère. Pendant que ma nounou cherchait sous la table si vraiment le bébé ne s'y dissimulait pas, j'appelai la police.

Dans les dix minutes, des voitures sillonnaient les allées du Champ de Mars équipées de haut-parleurs qui scandaient à tue-tête « Madame Mitterrand a perdu un enfant de couleur ». Mon mari et moi étions terriblement gênés du raffut que provoquait l'intervention, notre nom résonnait jusqu'à l'intérieur des maisons. Mais après avoir dérangé tout le voisinage et les promeneurs pendant plus d'une heure, une dizaine de policiers en uniforme nous ramenèrent Kenji qui s'était endormi sous la tour Eiffel, pour une petite sieste.

Nous appartenions à une famille dont les membres étaient spontanément protégés, je reconnais que c'était sécurisant. Dans le métro, l'inspecteur avait repéré le « petit-fils » de Mitterrand, celui qui était toujours en retard pour régulariser sa carte orange, il le chopait pour lui faire la morale à propos des dates à respecter et refusait d'admettre qu'il n'était que le « petit-neveu », tant il était content d'enseigner la rigueur au « petit-fils » du président de la République. Mon fils aurait préféré passer inaperçu, mais moi j'étais rassurée. À la montagne, à la mer, en cas de panique maternelle, fût-elle inconsidérée ou prématurée, les secours étaient plus rapides et plus efficaces. Même à l'étranger, en cas de problème, il était réglé plus vite par le consulat. Tous ces avantages n'abritaient pas des drames, mais je le reconnais, pendant les quatorze ans du règne Mitterrand, mes enfants étant jeunes, j'avais l'impression qu'ils avaient un ange gardien dans la personne des fonctionnaires de l'État. Un avantage certain, car ils en faisaient des blagues et des pas ordinaires, mes garçons et mes neveux réunis, les imaginations multipliées, c'était un festival.

Chapitre 16

CHASSÉS PAR MITTERRAND, COMMENT QUITTER SON PAYS SANS PLEURER ?

On n'emporte pas la patrie à la semelle de ses souliers.
DANTON

Mais oui, j'avais de la bonne volonté, je me donnais du mal pour apprécier ma position, je me répétais qu'individuellement j'avais de la chance, et qu'il aurait été de bon ton d'en être reconnaissante à mon oncle. Et puis la réalité reprenait le dessus, c'était imparable, la France courait à sa perte et Mitterrand ne ferait rien pour la redresser.

Beaucoup étaient partis, nombreux parlaient départ. Était-il possible d'en vouloir assez à ceux qui tentaient de faire avancer la France pour les pousser à s'en aller ? Le gouvernement était-il pris d'aberration ?

Faute d'opposition organisée, on augmenta les impôts, probablement pour se débarrasser plus vite de ceux qui étaient susceptibles d'en payer. Soit ils donnaient quasiment la totalité et disaient merci : on daignait les garder. Soit ils avaient le culot de discuter la facture : allez ouste ! Les riches à la porte ! Au diable l'avarice, toute discussion était inutile, tant pis pour le manque à gagner, « ça va les apprendre ! » Dehors ! Plus vite que ça !

Que vont devenir les défavorisés, sans les nantis ? On peut toujours inventer de nouveaux impôts ! Mais qui va payer ? On se débrouillera ! Mais comment ? Avec l'argent des riches ! Mais lesquels, si il n'y en a plus ? Y en aura toujours ! Comment une France de pauvres peut-elle secourir des encore plus pauvres ? Est-ce bien logique ?

À la suite de la « gestion » de François Mitterrand, les Français supportent aujourd'hui le taux de prélèvements obligatoires le plus élevé des pays de l'Union européenne.

Dès 1980, les milliardaires, ensuite les millionnaires, puis les retraités aisés s'en allèrent enrichir les capitales européennes. Paris est la plus belle ville du monde, devenir un émigré est pénible, mais tout vaut mieux que de se faire piquer ce qu'on a mis une vie à gagner. Certes, il faut aider son prochain, dommage de subvenir à égalité aux besoins des accablés de naissance et des assistés chroniques. Mais bon ! Difficile d'évaluer, on ne va pas chipoter, 50 % d'impôts, c'est d'accord, on partage, l'expression moitié-moitié est respectée, au-dessus, c'est inéquitable, ne pourrait-on en discuter ?

Résultat d'une discussion de cet ordre : Vous n'êtes pas content ? La porte est ouverte.

Pas de quartier, les étrangers fortunés furent mis au pas comme tout le monde. S'ils avaient envisagé de devenir des résidents fiscaux en France, ils furent prestement informés, point de salut pour eux non plus ! Les méthodes d'intimidation leur semblaient si incongrues qu'ils n'y croyaient pas, certainement une mauvaise plaisanterie, fallait-il être fou pour refuser si énergiquement leurs devises ! La France « terre d'accueil » ne tenait-elle plus à sa réputation ?

Des amis américains vinrent s'installer dans notre beau pays après que le mari eut vendu son affaire. Confiants, ils achetèrent un appartement, une résidence secondaire, engagèrent un chauffeur, une cuisinière, des gardiens et un comptable pour calculer les diverses cotisations obligatoires du personnel. Normal de profiter de ses économies. Le mari augmenta sa participation dans les causes humanitaires. Tranquille, il s'attendait à la reconnaissance de la France. Les feuilles d'impôts s'accumulèrent au cours de la première année, c'était compliqué, pas clair, il releva soigneusement les montants des multiples taxes, dont les abrégés ne signifiaient pas grand-chose aux nouveaux venus dans le monde de la fiscalité française. Douze mois après, l'addition effectuée, il fallut se rendre à l'évidence, une erreur s'était certainement glissée dans le décompte définitif, 140 % tous impôts confondus ! En homme d'affaires pondéré, il interrogea, consulta ; pour une analyse précise, mieux valait viser au sommet. L.L. était un homme important, un rendez-vous fut pris avec le ministre du moment.

– Mais voyons, cher monsieur veuillez nous excuser, Bercy a perdu la raison, ne vous inquiétez pas, j'arrange tout ça…

Quinze jours plus tard, lettre glaciale. Hélas ! c'est ainsi, pas autrement. Comme la plupart des citoyens, le ministre lui-même ignorait que de telles sommes étaient perçues par l'État. Tout simplement on n'y croit pas. À moins de signer le chèque soi-même, personne n'y croit. Actuellement on n'y croit toujours pas !

En France gagner de l'argent devient une honte, vouloir le conserver mérite punition.

L.L. s'est exécuté, il a réglé à son centre d'impôts la somme exigée à une dame à peine aimable qui l'a prévenu qu'on allait vérifier ses calculs. En la saluant, il prit congé.

– Dommage, c'était un beau pays…

L'employée revêche a haussé les épaules :

– Je fais mon métier moi !

Et lui ses valises.

Lors d'un débat télévisé auquel participaient des messieurs importants, ministre des Finances, économistes et quelques patrons, on palabrait finances, stock-options, participation des employés aux bénéfices de leur société... Des reportages défilaient sur un écran, et chacun donnait son avis longuement sans être interrompu, un avis naturellement qui entérinait les idées gouvernementales. Un chef d'entreprise français expatrié fut interviewé, ayant quitté sa patrie pour les mêmes raisons que L.L. Il tentait de les expliquer à l'antenne. À peine aborda-t-il ce fameux partage qui n'en était plus un, mais une spoliation arbitraire, qu'on lui coupa le sifflet. Cette vérité-là n'était pas bonne à entendre.

Le départ des fortunes, celui des cerveaux bien faits, n'inquiéta pas les spécialistes des finances de l'État, il fallait chasser hors du territoire ceux qui concouraient à sa prospérité. Les patrimoines s'expatriaient... Les entreprises se délocalisaient... Les jeunes créateurs d'entreprise débutants raisonnant « net en poche », eux aussi prenaient leur baluchon. Désolant d'abandonner sa patrie, mais pourquoi rester dans un pays qui interdit le bénéfice ?

Là aussi, la France est à la pointe de l'innovation, le niveau du taux marginal d'impôt sur le revenu est le plus élevé d'Europe.

Dans leur jeunesse, je sermonnais mes enfants :

– Le travail bien fait est toujours récompensé !

Pour avoir du nez, j'en ai ! Les tire-au-flanc sont les grands gagnants, leur but existentiel est de calculer avec précision leur décompte RTT, quand ce n'est pas celui des allocations chômage, tandis que des crétins de concitoyens, dont mes gosses, bossent pour eux. « Y a pas de souci ! »

Mea-culpa, je manque de jugeote. L'énergie et l'optimisme méritent des coups de bâton, l'innovation est systématiquement découragée en la surchargeant de règles policières et de lois sociales, l'intrépide qui a le culot de se lancer dans les affaires sera sanctionné par une surveillance tatillonne qui aura raison de ses espoirs.

Nous nous prenons pour les meilleurs, c'est une habitude française de refuser l'exemple du voisin. Il suffirait pourtant de traverser la Manche pour que les Anglais nous enseignent la marche à suivre. La question de la remontée britannique depuis dix ans reste taboue, mais par un encouragement systématique à l'entreprise, à l'innovation, avec moins de charges et moins de règles, le nombre de millionnaires en livres sterling, en quatre ans, a plus que doublé en Grande-Bretagne ! Pourquoi est-il interdit aux Français de le devenir « Millionnaire » ? Est-ce contraire aux bonnes mœurs ? À la nature humaine ? Ça fait du mal à quelqu'un ? Aux États-Unis, la richesse des uns augmente-t-elle la pauvreté des autres ?

Il ne suffit pas d'être heureux, encore faut-il que les autres soient malheureux. Nulle part mieux qu'en France, l'acrimonie contre les différences de situation matérielle n'atteint un tel degré. On éreinte ceux qui se battent, serait-ce en vain, pour se développer. Les grandes surfaces s'emplissent les poches, quand on voit leurs bénéfices, c'est honteux qu'il y ait encore des caisses ! Y a trop de sociétés, trop d'actionnaires et trop d'actions, trop de petits et grands porteurs, en bref, trop d'argent. C'est dégoûtant !

L'envie est le péché dominant des Français. À leur décharge, c'est rageant d'appartenir à une société organisée de telle manière qu'il n'y ait aucune chance de devenir riche.

Trop content de s'enferrer on tient à atteindre le fond. Une fois le navire France quitté par les rats – quasiment la plupart des riches, bientôt la majorité des entreprises –, il reste maintenant deux races de Français : les acharnés au travail et les profiteurs de cet acharnement, nommés « assistés ». Mais nous avons le tourisme ! Irréversiblement notre pays vire à la charmante contrée de villégiature soumise à l'humeur des touristes qui vont devenir notre principale source de revenus. Prions pour qu'ils ne se lassent pas de la tour Eiffel.

En 2001, le but est quasiment atteint et les Français n'ont pas honte. Jacques Chirac n'en crut pas ses oreilles, médusé, le Président demanda à Bercy de faire une étude sur le sujet. Eh oui, la France est en queue de peloton en terme de PIB par habitant, nous passions au 12e rang, en dessous de la moyenne européenne, juste avant l'Espagne, le Portugal et la Grèce ! Tandis que la Belgique, le Luxembourg, l'Angleterre nous doublent allégrement, l'Italie nous devance et l'Irlande, grâce à sa fiscalité attractive, s'est envolée de la 12e à la 3e place.

Vive la France !

Les pays voisins se moquent de nous, sont-ils rigolos ces petits Français qui nous font la morale alors qu'ils pédalent dans la purée !

Si pendant des années le gouvernement de Mitterrand n'avait pas dévalorisé le travail en l'inondant « de taxes et de textes » nous n'en serions pas là.

Et la gauche régnait, omnipotente, satisfaite, fonçant sans réfléchir vers des projets ineptes. À sa décharge, il faut une certaine maturité pour se remettre en cause ou bien une force en face de soi qui vous met des bâtons dans les roues. La gauche ne mûrissait pas, toujours tranquillement dogmatique et ce n'était pas la droite qui aurait pu la contrarier ! Bien trop occupée entre chefs de bande à se chamailler comme des galopins, à ergoter à longueur de discours, chacun œuvrant pour sa chapelle, trahissant les amis pour plaire à ceux de l'adversaire ! Ils auraient pu tirer une leçon du premier mandat. Bernique, ils ont continué à s'étriper. Ce qui devait arriver est arrivé, rebelote, l'oncle de mes enfants leur a brûlé la politesse une deuxième fois !

Il est complexe de diriger un pays. Au fait ! La droite aurait-elle été meilleure ? En tous les cas plus fourbe ! La rumeur disait que pendant la cohabitation, quai de Bercy, nos amis conservateurs, de leur propre chef, avaient tout bien préparé la manière de créer des impôts supplémentaires, les formulaires étaient prêts à envoyer ! Pendant la campagne électorale, la droite se garda d'en informer ses militants, c'était déjà assez dur de ratisser ceux du concurrent, on ne pouvait risquer de perdre les siens, une fois en place, les belles phrases serviraient d'alibi.

Au moins les socialistes annonçaient la couleur, pas de déception.

Si seulement la masse d'impôts perçue par l'État servait à quelque chose, si la France tournait convenablement ! Où diantre s'engloutissait l'argent ? Dans les administrations publiques, c'était la pagaille. À l'école, les professeurs dépassés par des classes de trente gosses ne se faisaient plus respecter. À l'université, les étudiants n'étaient plus encadrés. La police ne parvenait plus à défendre la sécurité des citoyens. La justice ne savait plus où donner de la tête, il fallait cinq ans pour obtenir un jugement, fût-on innocent ! Dans les mairies on manquait de fonctionnaires, globalement, on se plaignait d'en avoir trop ! Où étaient-ils ?

Tout le monde râlait, les écolos, les socialos, les radicaux et autres « bourgeois bohème », les assistés, les smicards, les immigrés, tous étaient mécontents.

Il faut dire qu'il y avait de quoi ! L'ordinaire devint compliqué, quasi insoluble ! À force de dévaloriser le travail, les employés se firent une raison, ils ne se présentèrent même plus quand on leur en proposait. Plus de vendeurs dans les boutiques, plus de préposé pour vous répondre sans passer par une douzaine de boîtes vocales qui se renvoient votre demande. Au poste d'essence, « Servez-vous vous-même » ! On parla de supprimer les voitures à Paris, mais pas moyen de commander un taxi, faute de standardiste. Un parcours du combattant pour faire installer une ligne téléphonique, plus de techniciens ! Des braves gars en blousons marqués du sigle d'Orange arrivaient enfin, effarés, sous-traitants, ils ignoraient absolument les limites de leur sous-traitance, O.K. pour la ligne, mais pour la tonalité ce serait une autre entreprise ! Chez EDF, pendant des années, je travaillais avec le service immobilier. Un beau jour, un disque me répondit que compte tenu des trente-cinq heures, je n'aurais plus d'interlocuteur, il était pourtant charmant mon fonctionnaire, un as de la gérance : « J'adore mon métier », se félicitait-il ! Sans économiser ni son temps ni son énergie, il m'avait appris à établir avis d'échéance et quittances.

– Vous inquiétez pas, je rentrerai plus tard ma femme a l'habitude !

Dommage qu'il ait disparu dans la bourrasque de la retraite prématurée !

Socialisme ? Progrès ? Désordre ? Allez savoir pourquoi tout est devenu compliqué !

Surtout gardez-vous de réclamer un remboursement justifié à la Sécurité sociale ! La pauvre préposée qui se fait insulter derrière son comptoir ne peut en aucun cas vous renseigner, elle vient d'être provisoirement mutée, le reste de l'effectif est en congé ou en formation.

– Mais vous pouvez appeler, les répondeurs fonctionnent jour et nuit.

Ne songez pas à vous rabattre sur la mutuelle privée, pour remplacer une informatique trop onéreuse, on embauche des intérimaires qui n'étant pas du métier ne peuvent en aucun cas vous renseigner. « Le gouvernement assume une partie des salaires », histoire d'améliorer les statistiques du chômage. Des jeunes de passage, ni concernés ni motivés.

La réalité tourne au cauchemar quand votre enfant est malade ! Il y a intérêt à s'y connaître en médecine pour lui prodiguer les soins essentiels, car les deux ambulanciers pourvus d'une ambulance que vous avez réussi par miracle à déplacer jusque chez vous ne se repèrent pas dans les rues et avenues de la capitale, ne situent pas du tout l'hôpital ou l'enfant doit être transporté, n'ont jamais mis les pieds à Paris. Remplaçants, ils viennent de province ! Et si par un second miracle vous tombez sur le « site » adéquat, ne vous croyez pas sorti de l'auberge, les infirmières sont en grève ! Faut-il qu'on les ait vraiment malmenées, car de nature, leur dévouement est incontestable ! Quant à l'interne de service, il est trop débordé pour s'occuper de votre môme. Les médecins disparaissent, on les comprend, sacrifier dix ans de sa jeunesse à faire des études pour un salaire indécent toute sa vie, c'est une infamie.

À l'heure actuelle, on peut se demander où sont passés les êtres humains, des gens rétribués pour leur travail, susceptibles de vous guider, de vous parler, des gens qui prenaient leur boulot au sérieux et se sentaient responsables. Les Français étaient individuellement courageux, travailleurs, ambitieux, ils voulaient contribuer à la bonne marche de leur pays, en plus ils étaient souriants. Que sont-ils devenus ?

Inutile d'aller loin pour se sentir mieux, les anciennes douanes françaises franchies, l'ordre revient. Une gentille dame répond au téléphone quand on appelle un taxi, le monsieur de la pompe à essence vous dit bonjour, on n'attend pas vingt-cinq minutes pour prendre son billet de train, il y a un guichet avec des agents pour vous le vendre, c'est génial !

On ne peut tout de même pas éradiquer la race des vivants pour éviter de payer des charges sociales trop élevées qui nous coûtent autant que les allocations des vrais et faux chômeurs. On pourrait les remettre au travail ceux-là, nous avons besoin d'eux, certainement ils seraient compétents, efficaces, combatifs à condition de les réveiller, de leur rendre leur importance.

Un psychanalyste, Michel Schneider, publie un essai comparant l'État à une mère abusive, il faut lire ce livre, c'est l'image de la France actuelle. « Les Français se sont doucement assoupis dans le giron de leur maman : l'État les protège de tout. Confiné dans la sollicitude de son protecteur, l'assisté adulte régresse dans une vague déprime trop confortable pour lui donner l'envie de couper le cordon. Puisqu'un État providence veille à sa santé, à sa nourriture, à sa progéniture, puisque logement, vacances sont assurés, puisqu'il n'a plus besoin de lutter pour acquérir, il perd sa puissance, son ambition et l'espoir. Comme un enfant gâté, il tape des pieds pour obtenir encore davantage de cette mère qui le préfère tyran qu'autonome. »

Nous sommes à l'époque de la psychanalyse, on nous enseigne à nous les mères comment sevrer notre enfant et le pousser vers la liberté. On devrait apprendre à l'État à s'effacer ! Son omnipotence est étouffante, qu'il nous laisse respirer, qu'il nous foute la paix.

La France est peut-être la plus belle contrée du monde, mais après vingt ans de socialisme l'atmosphère est carrément oppressante. Entre les geignards, le couteau entre les dents, incapables d'aller de l'avant, et leurs boucs émissaires épuisés, humiliés, qui en ont marre de les porter à bout de bras, notre patrie va se briser.

L'avenir de nos enfants dans ce pays que ses gouvernements successifs s'acharnent à tirer vers le bas est-il encore possible ? Y aura-t-il un retournement de situation ? Jusqu'où faut-il tomber pour réagir ? Que faire pour éviter un gouvernement extrémiste ? Pourquoi n'essayons-nous pas de nous comprendre avant que les citoyens poussés à bout, par désespoir, finissent par en venir aux mains ?

La France va mal ! Ce n'est pas élégant d'accuser celui qui en a été le chef, mais par respect pour sa mémoire, on ne peut le spolier du rôle qu'il a joué pendant quatorze ans. On l'aurait honoré et remercié en cas de croissance, se nommer Mitterrand aurait alors été une gloire, à l'inverse la régression lui incombant pareillement, son nom est parfois, à juste titre, mal perçu.

CHAPITRE 17

JUSQU'OÙ NE VA-T-ON PAS POUR S'APPROCHER DU POUVOIR ?

Il est dans la tolérance un degré qui confine à l'injure.
JEAN ROSTAND

Les premiers à nous en vouloir pour des privilèges qu'ils ignoraient à double tranchant étaient aussi les premiers à essayer d'en ramasser les miettes. Ceux qui se rebellaient le plus sauvagement contre les décisions du gouvernement, dès qu'ils étaient en présence d'un dignitaire un peu renommé, non seulement oubliaient leurs grosses colères mais encore s'abîmaient en courbettes. Ne tombons pas dans les généralités qui souvent sont fausses, mais souvent, trop souvent, mes pairs débordaient de tolérance à l'endroit des envahisseurs, jusqu'à l'inconvenant !

Si les langues se délient ces derniers temps, si les ragots ébranlent le quotidien des héritiers Mitterrand, nous avons connu l'époque où nous étions traités comme des princes de sang.

Dans les dîners en ville, on se disputait l'honneur de recevoir Jack Lang ou Laurent Fabius. À ma stupéfaction, à part quelques résistants qui coupèrent carrément les ponts avec tous ceux qui s'approchaient du pouvoir, les ennemis héréditaires oubliaient leur animosité pour les accueillir, poussaient la politesse jusqu'au « brin de causette ». La courtoisie à ce point-là était du masochisme, tout comme le joyeux tumulte que provoquaient les apparitions de Mitterrand. Les plus contestataires étant les plus avides à lui serrer la main.

Lors du mariage de la fille d'Olivier, Marie, son grand-oncle François était témoin. Il aurait pu se servir du prétexte de sa maladie pour refuser, mais il était attaché aux traditions. La souffrance se lisait sur son visage. Pour se farcir une journée de rites religieux et mondains, il faut être stoïque. De quelque bord soit-on, nul ne remet en cause le courage de Mitterrand face à la souffrance physique. Cependant, il semble incroyable que ses opposants puissent en abuser pour lui prouver leur débordante amitié. Sur le parvis de l'église pour la photo traditionnelle, protégé par ses gardes du corps, il ne fut pas inquiété. La réception ayant lieu à notre domicile, où mon mari et la mère de sa fille recevaient des amis convenables, les gorilles relâchèrent leur surveillance. On frôla l'émeute.

Je n'aurais pas imaginé que ces « messieurs dames », violemment opposés au régime, mais alors, verbalement, pas mitigés du tout, plutôt aux extrêmes antipodes, puissent être capables d'une énergie à la limite du fanatisme dans l'espoir d'être présentés à l'auteur de leurs emmerdements. Mon mari, occupé aux congratulations à l'entrée, ne pouvait les voir se jeter les uns sur les autres pour être parmi les plus rapides à le saluer, tandis que moi, en maîtresse de maison qui tenait à la vie de ses invités, je ne savais comment refouler leur enthousiasme. Emportés dans un fol embrassement, le Président et moi, serrée contre lui, titubions et tournions sous la pression, au risque d'être foulés aux pieds par cette bande d'exaltés qui tendaient les mains vers notre vedette nationale afin d'avoir la chance qu'il s'en saisisse, en criant la date d'une entrevue antérieure :

– Rappelez-vous à Château-Chinon en 1965, j'étais dans la salle…

Citant le nom d'un camarade commun :

– Mon ami Fernand, souvenez-vous, eh bien ! c'est aussi votre ami à vous, on peut dire que le monde est petit…

Ou retournant vers des souvenirs très périmés d'une grand-mère qui était copine avec celle du malheureux à moitié évanoui dans mes bras qui parvenait à peine à grimacer un sourire crispé.

Un des frères d'Olivier nous a sauvés en se frayant une voie dans la foule, dont il dégagea son oncle pour l'asseoir à l'abri des adorateurs. S'il y avait eu un lit, on aurait mieux fait de le coucher car il était vraiment mal.

Pour moi, l'attitude obséquieuse des bourgeois envers François en particulier et les Mitterrand en général fut un mystère que je n'ai pas encore percé. Perdu pour perdu, on les envoie au diable, rares furent ceux qui eurent le cran de refuser tout compromis. Il y en eut quelques-uns, ils se reconnaîtront.

J'avais entendu un socialiste qui, en entendant mon nom, me crut de son bord, prétendre que les « bourges » étaient contents de se faire malmener, j'utilise ce mot pour ne pas en écrire un autre, plus explicite et plus grossier ; il était trivial, mais peut-être avait-il raison. Les personnalités de l'industrie, de la finance, du luxe, en disaient pis que pendre derrière son dos, mais n'avaient de cesse de devenir les intimes des membres, fussent-ils lointains, de la famille régnante. Tout était bon pour s'en rapprocher : anciennes épouses flanquées de l'amant du moment, maris répudiés depuis des lustres, cousins à la mode de Bretagne se virent soudain propulsés dans la société parisienne sans avoir rien demandé, ébahis de se découvrir tant de nouveaux camarades parmi le gotha de l'opposition. Soudain invités partout, ils ne tardaient pas à rouler des mécaniques, comment aurait-il pu en être autrement ? « Soignés » comme des personnages de marque, ils ne s'étiolaient pas en bout de table, mais bien à droite des maîtres de maison, péroraient réformes socialistes tout leur soûl.

Dès l'accession de Mitterrand au pouvoir, je réalisai rapidement qu'il n'y aurait pas assez de soirs par semaine pour accepter les invitations auxquelles nous fûmes subitement conviés, surtout avec des enfants à conduire à l'école aux aurores, et un mari insortable tant il est pressé de rentrer ; moins mondain que cet homme, on ne fait pas ! Et comme j'apprécie l'amitié et la rigolade, pas du tout la froideur des rapports de salon, je refusais donc de modifier ma façon de vivre et ne m'engageais pas davantage que d'habitude. Un resto le samedi soir avec des vrais amis, le repas hebdomadaire dans les familles respectives, les obligations d'affaires et basta ! Je n'allais pas perdre mon temps à guider des bourgeois honteux vers le perron qui mène à l'Élysée. Quels bêtas ! Fallait-il être bouché pour ne pas avoir noté qu'Olivier et moi étions de fausses valeurs, lui coupable de mésalliance et moi farouchement anti-mitterrandienne. « Elle est très entière ! » Canards boiteux de cette famille, nous ne pouvions leur être d'une quelconque assistance, mais peu importe, faute de débouché plus reluisant, ils se rabattaient sur nous. Certaines personnes perdent l'entendement quand il s'agit de se pousser socialement et sont parfois capables d'un forcing impossible à juguler autrement qu'en mettant les points sur les i.

Un soir, alors que j'accompagnais Olivier dans une réception professionnelle, une dame avec laquelle je ne cultivais plus aucune amitié depuis des années nous sauta dessus pour se plaindre de mes réponses négatives à ses invitations. Je jouai la maman attentive et justifiai poliment mes refus répétés, les enfants… les leçons… les devoirs… difficile à concilier avec les sorties. Acide, elle se colla à mon époux, et lui passant la main dans le dos, murmura que les femmes au foyer étaient les plus occupées :

– Moins on en a à faire, moins on en fait ! ajouta-t-elle dans un rire de gorge.

En ce mercredi soir, mieux valait éviter d'aborder ce genre d'humour avec moi, accablée par huit heures de judo, piscine, tennis, embouteillages et gosses démoniaques. L'adrénaline monta, je la laissai se répandre, contente de m'en décharger sur cette gourde qui se la jouait travailleuse parce que pendant le week-end, elle était la troisième adjointe du maire RPR du patelin où se nichait, parmi d'autres, sa résidence secondaire. Quand on politicaille à droite, on évite de se commettre avec la gauche. Qu'elle place son amour-propre à nous tourner le dos, qu'elle m'épargne ses bristols, faire-parts et autres convocations, pas la peine de téléphoner non plus pour me pousser au meurtre avec son « votre jour sera le mien », et puisque mes excuses courtoises lui déplaisaient, la vérité lui conviendrait, voilà cent ans que nous étions brouillées, restons-le !

– Vous devriez avoir honte de recevoir des Mitterrand, sifflai-je, on ne se hasarde pas chez l'ennemi !

Olivier, courageux mais pas téméraire, s'éloigna, préférant de loin « le potage, yaourt, au lit », aux « petits plats dans les grands » que tenait absolument à nous servir la rombière. Il était enchanté que je règle le problème. Par contre mon discours attira la curiosité, un petit groupe se forma autour de nous. Sur ma lancée, j'ajoutai que la concernée n'était d'ailleurs pas la seule à vouloir s'introduire dans le camp adverse, ils étaient trop nombreux à ouvrir leurs bras et leur table à des gens qui leur fichaient des gifles. Tends la joue droite… tu recevras une beigne sur la gauche. Ceux de ma couleur politique n'avaient qu'à dire non, ce serait déjà un pas vers la dignité.

Spectacle à moi toute seule, ils me regardaient les yeux écarquillés, plus marrant que de s'agglutiner autour du buffet. J'aurais pu jurer qu'à part quelques perspicaces, viscéralement réfractaires à la gauche, qui me félicitèrent trop discrètement, la plupart des spectateurs ne saisirent pas le sens de ma tirade, et me jugèrent juste un peu piquée. Une crétine marmonna qu'il était inutile de faire tout ce foin pour ne plus être invitée.

Dans le même registre, les demandes d'interventions étaient encore ce qu'il y avait de plus pénible à gérer. Même des gens très marqués à droite tentaient d'obtenir des dérogations d'un gouvernement qu'ils honnissaient !

D'autre part, des neveux ne deviennent pas intimes d'un oncle vénérable, sous prétexte qu'il dirige le pays. Sitôt au pouvoir, beaucoup estimèrent que nous pouvions le déranger à tort et à travers ! Un tonton normal aurait fini par s'énerver et celui-là ne se laissait pas importuner facilement ! Soudain on nous demanda d'intercéder auprès du président de la République pour résoudre des problèmes de gens que nous connaissions à peine.

Mon beau-père, que tous savaient le frère chéri de François, dut s'organiser, il engagea une secrétaire pour gérer les multiples dossiers ! Les autres, neveux, belles-sœurs, se débrouillèrent tant bien que mal pour exaucer les vœux des demandeurs. Olivier, profondément serviable, capable de se couper en quatre pour son prochain, avec sa nature généreuse, se fit vite repérer : « Votre mari si bon », « Votre mari est un saint ». Contrepartie de la gloire ! Non seulement il fallait supporter les multiples mesures que le gouvernement nous infligeait, mais encore nous voilà promus au bureau des pleurs.

C'était moi la « sainte » ! Je devais répondre à des appels jusqu'à onze heures du soir ! Le solliciteur croyait me faire plaisir en jurant qu'il avait toujours voté comme il fallait, pour mon parti ! En m'abstenant de revendiquer mon appartenance à l'opposition, ce qui aurait pu le mettre mal à l'aise, j'écoutais. Il nous en tombait de partout, des infortunés à dépanner, dans toutes sortes de branches.

À nous de réunir un jeune couple de professeurs séparé depuis deux ans car l'Éducation nationale avait titularisé la femme à Lille, le mari à Toulouse, chacun mangeant seul dans sa cuisine, pour construire un foyer c'était compliqué, et le vendredi pour se rejoindre quelle galère, et cher pardessus le marché, les réductions de la SNCF étant toujours trop modiques ! Le Président n'était sûrement pas au courant (de quoi ? prix du billet de train ou lieu de travail des intéressés ??), autrement il n'aurait pas fermé les yeux sur l'injustice, il suffirait de lui glisser un mot pour que leur vie reprenne un cours normal ! C'est vrai, il était pour la reconstitution des familles, ça valait pour les Africains ! Tout de même, les Français devraient être prioritaires !

Nous compatissions au souci de ce gentil ménage, on envoyait les photocopies d'une longue lettre larmoyante, au rectorat, au proviseur, à un vague mec croisé des mois auparavant, qui occupait un vague poste à l'Éducation nationale… Je conseillais la patience. L'un des deux obtenait sa mutation, ou ne l'obtenait pas !

Ou bien c'était un restaurateur qui téléphonait pour la énième fois. Reconnaissant sa voix, je falsifiais la mienne en me pinçant le nez, il croirait à une erreur et me ficherait la paix. Pas douée pour le truquage, j'étais identifiée immédiatement :

– Vous avez l'air joliment enrhumée, madame Mitterrand, je n'en ai que pour une minute !

Et il me la « reracontait » ! Il avait ouvert un restaurant avec son fils, cuisinier de métier, pour lui mettre le pied à l'étrier. Et voilà que le conseil de révision ne tenait pas compte du souffle au cœur du petit, avec son 1 m 90 et costaud comme un bœuf, ça ne se voyait pas ! Cependant c'était la pure vérité, à l'accouchement, le gynéco l'avait dit à la mère, « ce bébé a le cœur malade », alors l'envoyer au service, c'était « sa vie » qu'« ils » mettaient en danger, et le chiffre d'affaires du bistrot encore davantage, car sans cuistot comment voulez-vous que ça tourne ?

Nous connaissions par cœur son problème, mais n'ayant pas d'accointances dans l'armée, que faire ? Au lieu de lui raccrocher au nez comme je l'aurais fait si je n'avais été la nièce du Président, je perdais mon énergie à chercher un prétexte valable, suggérant qu'il simule une maladie plus crédible que celle du cœur, une allergie par exemple, même une armoire à glace pouvait en être atteint ! Non, ni bouton ni rougeur, les fraises il en avalait des saladiers, aucune réaction ! J'avançais encore quelques infirmités, une surdité, une presbytie, « ils » n'engageront pas un soldat sourd ou aveugle…

– Votre fiston n'a qu'à faire semblant.

Le restaurateur s'irritait :

– Non mais ! Vous allez finir par me le rendre malade, avec vos inventions ! Tout de même un coup de fil à son oncle, pour monsieur Olivier c'est pas la mer à boire !

C'était pénible d'avoir à relever de ses devoirs de citoyen un garçon en bonne santé, par ailleurs l'éloigner de son papa lui aurait forgé le caractère, mais par loyauté, nous avions adressé au hasard quelques lettres expliquant ce cas « délicat » à un général, un adjudant, un camarade de chambrée d'Olivier resté au ministère de la Défense. Réponses négatives, pas de débouché ! Et le père continuait à nous barber avec ses lamentations !

On n'imaginait pas qu'il y eût en France tant d'individus dans la panade, ni combien c'était compliqué de les en sortir. Les vieux étaient incasables, les hôpitaux n'avaient pas de lits, les remboursements de la Sécurité sociale se perdaient en route, les HLM étaient attribuées avec trois ans de retard. Bref, nous achetâmes une photocopieuse, ce serait plus facile que de courir photocopier les pétitions au bureau, d'ailleurs les ennuis des personnes devant rester confidentiels, autant les traiter à la maison. Et pour moi qui « n'avais rien à foutre », ces tranches de vie pathétiques n'étaient-elles pas le moyen de donner un sens à la mienne ?

Je commençais à les prendre en grippe moi, les démarcheurs, et je postais mes enveloppes.

Quand la requête atterrissait chez un prudent, ignorant tout à fait qui était cet Olivier Mitterrand, auteur d'une bafouille si joliment tournée qu'il devait être fichtrement important, il accordait la faveur. Ça pouvait lui servir ! L'affaire miraculeusement dans le sac, on nous offrait un pot de fleurs accompagné de deux lignes sur une carte de visite ; parfois, point de remerciements pour des mois de démarches. Une fois nous eûmes droit à un chèque de deux cents francs, probablement en remboursement des communications téléphoniques.

À l'inverse, si la recommandation tombait sur le bureau d'un incorruptible à qui on ne la fait pas, les rapports avec le plaignant tournaient au vinaigre, subitement il se félicitait de n'avoir jamais voté à gauche, il empoignait son téléphone et déballait un insoupçonnable contentieux :

– Vous êtes bien tous les mêmes vous, les socialistes, des belles promesses, comme l'autre, là-haut, et puis tintin, on peut s'accrocher.

Je me rebellais, ah non, celui-là abusait !

– Monsieur ! Je vous avais prévenu, c'est un coup de chance, mon mari a fait le maximum. Des promesses, nous n'avons pu vous en faire, le résultat est trop aléatoire…

Le bonhomme se fâchait, nous l'avions leurré, nous ne l'emporterions pas au paradis… J'éloignais le combiné de mon oreille, en priant le ciel qu'il y ait une émeute, un tremblement de terre quelconque qui renverse le gouvernement, dans lequel nous avions d'involontaires responsabilités.

On nous enquiquina des années durant. Puis l'empire Mitterrand s'effondra, le bâtiment aussi, la boîte de mon mari vacilla sérieusement dans la bourrasque, bousculant l'équilibre de notre couple, ce fut une époque éprouvante, triste pour nous deux. Elle eut pourtant son utilité. Après quatorze ans d'hypocrisie, les faux amis disparurent dans la tourmente, on put compter les vrais sur les doigts de la main. Il y eut des déceptions désolantes qui m'ont forgé le caractère, il y eut, hélas, quelques vengeances « rancuneuses » qui osèrent s'exprimer, après des années de non-dits péniblement régurgités depuis longtemps, comme des rototos acides. Quelques-uns se défoulèrent par des phrases qu'ils devaient brûler de me lancer à la figure, « Mitterrand caca », « Vous les Mitterrand, vous êtes liquidés », « Le promoteur foutu aussi »... Et autres amabilités. La dégringolade continua. Notre couple prit un mauvais tournant, il y eut notre première séparation. Olivier retourna chez « Maman chérie », il ne supportait plus épouse et marmaille. Les enfants étaient en bonne santé, ne nous plaignons pas. Il revint.

Mais de cette période difficile, nous tirâmes des avantages certains. Nous ne fûmes plus invités chez des casse-pieds intrigants, adieu les dîners où je tenais la place d'honneur à côté du senior de l'assemblée, finies les courbettes des obséquieux qui essayaient de se mettre du côté du manche, tout en paniquant à l'idée de se garer côté du coup de balai. Et surtout, merci ma bonne Sainte Vierge, terminées les interventions.

Mais oublions ! Les fins de règne sont souvent navrantes et revenons aux années de gloire, car il y en eut quelques-unes du temps de Mitterrand.

Chapitre 18
LE GOÛT AMER DE LA TRAHISON

Pour que les Dieux s'amusent, il importe
que leur victime tombe de haut.
Jean Cocteau

En effet. Avant que ne soient épuisés les fonds laissés par le prédécesseur de Mitterrand, il y eut de belles années, un pays peut vivre sur ses réserves le temps de permettre aux nouvelles mesures de porter leurs fruits, fussent-ils pourris ! Dans le désordre des préparatifs, beaucoup profitèrent du régime. Avant la chute, tout le monde se dépêcha de faire des affaires.

L'immobilier grimpa, les banques allongeaient des crédits, les prix s'envolaient, les concierges des immeubles faisaient fortune en jouant les intermédiaires, les agences se multipliaient. Quand le bâtiment va, tout va ! La boîte de mon mari prospérait. Mon père de plus en plus sombre lui conseillait de vendre, il en avait vu d'autres ! Après l'embellie viendrait la chute. Des paroles de mauvaise augure qui ne tiendraient pas la route ! Olivier était encore jeune, il haussa les épaules. La famille Mitterrand était au faîte des honneurs. Il suffit de peu pour se croire invincible.

Nous avions six enfants, des gens importants à recevoir, des parents vieillissant dont nous voulions profiter durant les vacances et de l'énergie à revendre. L'organisation des vacances, en dépit de notre réduction famille nombreuse, était un casse-tête chinois. Impossible de satisfaire tout le monde, la location c'est compliqué, l'hôtel pas commode pour les petits, et je n'aime pas le Club Med. Allons ! Comme tous les couples dans la force de l'âge nous décidâmes : résidence secondaire.

Mon mari avait choisi entre les tendances familiales et la respectabilité bourgeoise, il se tapait ses douze heures de travail par jour, week-ends inclus, mais gagnait bien sa vie. Étant un nouveau riche pas honteux, il opta pour construire dans l'endroit le moins discret qu'on puisse trouver en France : Saint-Tropez. Lors de mon premier mariage, j'avais fait une fâcheuse expérience là-bas, superstitieuse, je craignais les lieux qui portent la poisse, mais au nom des concessions conjugales, je m'inclinai devant son choix. Pas d'hypocrisie, il était content de s'embourgeoiser et ne faisait de tort à personne en plaçant ses économies dans la pierre. Nous aurions la maison de nos rêves. Et moi, parce que j'aime l'Italie, je voulais notre demeure comme à Florence ! Après tout, c'est tape-à-l'œil certes, mais pas plus cher que le provençal, quitte à dépenser, autant selon son goût. Elle fut voyante, la cabane ! De la mer on en repérait les pignons. On se mit à dos les voisins qui n'étaient pas des mitterrandiens convaincus, enquiquinés par des mois de travaux ils avaient l'impression que c'était leurs impôts qui payaient le « palazio ». Ils nous prirent en grippe. Le maire alerté voulant prouver son indépendance politique à ses électeurs s'en donna à cœur joie. Quand on cherche des raisons de rectifier un permis, on en trouve. Extérieurement pas de mètres carrés en plus mais à l'intérieur, on en utilisa un maximum en sous-sol et en mezzanines, à chaque visite des autorités administratives, on bouchait une pièce, on cassait le plancher de l'autre, doublant ainsi la hauteur sous plafond ! Nos ennuis de caves et combles aménagés firent bientôt la une des journaux, les journalistes étaient à l'affût, contents de noircir leurs colonnes, ils inventaient n'importe quoi, jusqu'à faire courir le bruit que François Mitterrand était notre associé ! L'hélicoptère de *Nice Matin* tournicotait dans les cieux au-dessus de la maison dans l'espoir d'une photo compromettante, le Président en costume de bain aurait fait doubler les tirages ! Pour les badauds, un but de promenade distrayant, je les voyais s'agglutiner près du portail d'entrée, avec le pique-nique et les jumelles. Ils m'interpellaient pour savoir où se situait la « suite » de Tonton. Les amis bien attentionnés faisaient des paris, que restera-t-il de la villa du socialiste ? C'était le sujet de conversation des dîners chic.

Olivier et moi, nous nous décomposions. Pour enrayer le massacre, mon pauvre mari prenait des rendez-vous avec le maire, le gérant de la copropriété, des petits chefs divers et variés, ravis de bouffer à la fois du Mitterrand et du promoteur. Quand il sortait des entretiens, il tombait sur les paparazzi mystérieusement avertis.

Je n'en pouvais plus ! Il fallait vendre, se tirer de cet endroit maudit au plus vite. Entre la construction et les démolitions successives, les mois puis les années passant nous n'aurions bientôt plus qu'à vendre une baraque pleine de trous. À force de tergiverser avec le permis, la maison ne se terminait pas, se détériorait sérieusement même, tandis que de son côté la conjoncture se détraquant, nous n'avions plus d'argent pour terminer les travaux. La vache ! Dans quel pétrin nous étions-nous fourrés ? Pourtant je m'en étais donné de la peine, le « terrazo » au sol comme en Italie, les carrelages comme au Portugal, les peintures à l'ancienne sur les murs, les meubles choisis un à un, et ces kilomètres de rideaux à têtes flamandes cousus de mes blanches mains. Notre projet prenait des allures de désastre. J'en avais des insomnies et des palpitations à chercher des solutions.

La crise de l'immobilier secouait le pays, Olivier occupé à maintenir son affaire hors d'eau n'avait plus le temps de se déplacer ! Je pris le relais plutôt mal que bien !

Par un soir d'été, alors que je rentrais de Toulon, démoralisée, épuisée, laissant les embouteillages tropéziens pour revenir partager nos misères avec mon époux, nous eûmes droit au coup de grâce.

Nous étions dans un piteux état, effondrés tous les deux l'un en face de l'autre, à bout, proches du Prozac, quand le téléphone sonna aux environs de 23 h 30. C'était notre « leader », le cher oncle de mon mari ! Plus rien à voir avec le brave tonton des garden-parties de l'Élysée. Chirac disait qu'il fallait se méfier de Mitterrand quand il devenait aimable, il ne le fut pas ! Mazette ! Il était sec comme un coup de trique pour nous commander de faire cesser le scandale qui éclaboussait sa renommée ! Non mais ! Cet étalage était par trop inconvenant !

Ils étaient diablement bien dressés dans cette famille ! En pleine déroute, ils ne perdaient pas les bonnes habitudes ! Je fus soufflée d'entendre mon époux s'écrabouiller au bout du fil, des pardons et des excuses plein la bouche, tout en essayant d'éviter que le Souverain ne m'entende gueuler que j'en avais rien à fiche de la hiérarchie divine, si on s'appelait Dupont, nous n'aurions pas tant d'emmerdements.

Personne ne peut imaginer la puissance du président de la République. D'un clin d'œil ou d'un froncement de sourcil il peut améliorer ou détruire un destin, il ne lui était pas nécessaire de montrer sa puissance pour se faire obéir. Il était comme ça, monsieur Mitterrand. Fallait pas le contrarier, il n'appréciait pas la contestation, mieux valait taire sa vérité, fût-elle vraie. Dans le cas de la maison du Midi, nous étions pris dans un engrenage dont nous ne pouvions plus interrompre le processus. Il pouvait nous faire les gros yeux, nous gronder, il n'était plus de notre ressort de lui donner satisfaction.

Au point où nous en étions, il n'y avait, à mon sens, aucune raison de s'écraser avec déférence, car après tout, c'était parce que nous étions ses neveux que nous avions tant d'ennuis. En tout cas, de ma part, il n'y aurait pas la moindre petite excuse. Mon attitude mécontenta.

François Mitterrand, cet homme conscient de sa valeur, qu'on disait manipulateur comme Machiavel, habile comme Mazarin, auquel même ses ennemis reconnaissaient de l'intelligence, cet homme de qualité supérieure aimait les flatteurs. Dans sa famille, j'avais déjà remarqué que le neveu ou la nièce le plus ficelle dans le baratin obtenait le privilège du tête-à-tête privé en fin de soirée. À l'exclusion des frères, sœurs et amis de jeunesse, avec lesquels il partageait suffisamment de secrets et de tendresse pour qu'ils soient dispensés des ronds de jambe, il fallait se tenir à carreau. En politique, je ne sais s'il accordait sa confiance à ses courtisans, mais il était trop avide d'éloges pour ne pas les attirer ; il devait nommer les dauphins au nombre de courbettes ! Il se déridait aussi, perdant ses airs revêches lorsque des auteurs appartenant au monde étroit de la littérature médiatique nationale et internationale venaient lui faire la cour. Pour le séduire, la recette était simple, il suffisait de se plier aux caprices et priorités de son emploi du temps, puis, entre révérence et provocation, lui donner l'assurance qu'il appartenait à l'intelligentsia intellectuelle.

Mais attention, mis en confiance par la bonne humeur présidentielle, il fallait faire gaffe à ne pas en abuser. Pour une familiarité de trop, une blague à la limite du déplaisant, un jeu de mots un peu osé, juste pour « le » faire rire, subitement, le Président ne rigolait plus et le lèche-bottes était immédiatement banni. Il fallait se méfier, Mitterrand jouait avec la fatuité de ses amuseurs, il n'y avait pas loin du hochet à la disgrâce.

La tempête soulevée par notre acquisition dans le Midi confirmait ce que nous savions déjà ! En cas de pépin personnel, être apparenté au chef de l'État amplifiait les embêtements. Publiquement nous devions le soutenir même s'il se mettait dans son tort, la critique était interdite, tandis que nous n'avions pas droit à l'erreur, en cas de défaillance, il négligeait de prendre des gants pour enfoncer le fautif.

Nous n'étions pas les premiers à réaliser que la légendaire fidélité de Mitterrand s'appliquait au gré de ses humeurs. Il est entendu que le Président n'occupe pas la fonction d'une assistante sociale. Mais je me souviens du moment où il lâcha Bérégovoy bien tranquillement, ne le prenant plus au téléphone, indifférent à sa solitude, sourd à ses justifications. Le pauvre type contactait tous les membres de la famille pour obtenir un entretien. Pourtant le malheureux ministre manquait seulement d'expérience, se faire remarquer pour un prêt « amical » d'un million de francs, avec reconnaissance de dette signée et déclaration au fisc, faut pas être malin ! Il y eut sûrement des magouilles plus sérieuses sous le règne du Tonton, mais les autres savaient y faire. Quand Bérégovoy accéda au gouvernement, il était « un homme seul », pas d'ami sûr, pas de réseau, un brave type, honnête et méritant. Dès son entrée au « Palais », il fut vite impressionné par l'argent que semblaient gagner facilement les collègues. Ébloui par les dépenses somptuaires de tel ou tel, il se laissa embarquer dans des coups pour lesquels il se culpabilisa ensuite. Angoisse, dépression, pour la combine il faut de l'entraînement, l'ancien ouvrier tituba, tomba : « un homme à terre ». François Mitterrand dédaignait la faiblesse, il ne ferait pas un geste pour le relever. Plus tard il serait fidèle à Tapie, mais celui-là était un diable qui avait plus d'un tour dans son sac. Apparemment, il soutint jusqu'au bout son camarade de captivité, puis de promenade, Patrice Pelat. « Fallait-il que je rompe avec lui parce que, de pauvre, il était devenu riche ? » Certes, le Président lui conservait son amitié, néanmoins pour que cet affairiste habile qui en avait vu d'autres meure de chagrin, il avait dû se faire drôlement enguirlander après s'être fait piéger dans son délit d'initiés !

L'ami de cœur, l'intime qui veillait, quai Branly, sur ce que Mitterrand avait de plus cher au monde, « la petite demoiselle », sa fille Mazarine, le compagnon de tous les bonheurs, Grossouvre, à quelques mètres de couloirs du Maître, se fichait une balle comme on appelle au secours. Avait-il été injustement délaissé lui aussi ? Décidément, quand on subit des échecs, il faut avoir les nerfs solides, pour continuer d'exister dans le sillage du Président. Ou bien, il faut être mort, tout alors est effacé, envolées rancœurs et querelles. Lors des funérailles, le chef de l'État était impeccable, pas d'air triomphant mais une profonde affliction. Je connais ce trait de caractère propre aussi à mon mari, combien de fois ai-je rêvé au cours d'une discussion de trépasser là sur le coup en pleine engueulade, j'aurais enfin eu raison, ainsi semblable à son oncle il aurait pensé à moi comme à ses chers disparus, avec de l'émotion plein le cerveau.

Grossouvre… Bérégovoy… Affaires classées pour la tribu Mitterrand, comme la nièce retrouvée morte sous la tour Eiffel. Et prière de ne poser aucune question ! Je ne me risquais même pas à faire de l'humour, les visages de pierre, moi, ça m'impressionne.

Mon mari, lui, ne mourut pas plus qu'il ne se formalisa de la mauvaise humeur présidentielle ; il avait des soucis plus sérieux : le marché immobilier persévérait dans la chute, des centaines de mètres carrés s'accumulaient, invendus. Perette et le pot au lait ! Adieu maison, piscine et vue sur la mer. Sans y avoir habité, nous avons mis trois ans à vendre cette fichue chaumière, pour finir par la solder. Le maire est parti, il paraît qu'il n'était pas au-dessus de tous soupçons. Je ne remettrai plus jamais les pieds à Saint-Tropez, ce patelin me porte malchance, j'aurais peur de me casser une patte.

Nous nous sommes sortis de cette épreuve seuls. Mon mari ne pouvait s'abriter derrière aucune fonction officielle, mais ni à l'époque ni plus tard, en fin de règne, nous n'avons regretté qu'il n'eût été appelé nulle part. Ce fut même une grande chance. Dans la dégringolade immobilière qui balaya nombre de promoteurs, mieux valait ne pas dépendre du mandarinat. Pour rembourser ses dettes, Olivier perdit jusqu'au dernier centime. Tout ce qu'il avait acquis y passa, mais il pouvait redémarrer à zéro tranquillement, sans que personne l'accuse d'avoir été protégé.

Nous n'appartenions pas au clan des favoris, placés soit dans les grands corps de l'État, soit dans le secteur public. Pelat qui aimait les voyages avait été nommé au conseil d'administration d'Air France, Henri Benoît de Coignac, ambassadeur, Jacques Fournier à la présidence de la SNCF... Les membres de la famille de Mitterrand eurent aussi leur part de gâteau, il ne perdait pas les siens de vue, pour eux il avait toujours du temps, et les « défendait bec et ongles », se plaisait-on à rappeler. Gilbert devint député socialiste de la Gironde, Jean-Christophe conseiller à l'Élysée pour les affaires africaines, administrateur de la Comilog, alors qu'il était par le passé pigiste à l'AFP, ce qui n'avait pas un réel rapport avec le manganèse. Robert fut nommé administrateur du Centre français du commerce extérieur. Même Jacques, réputé pour ses idées de droite, fut installé à la présidence du Groupement des industries françaises aéronautiques et spatiales ; la belle-mère de Jean-Christophe ne fut pas oubliée. Jusqu'au cousin le plus lointain, nul ou pas, efficace ou non, chacun trouva son fauteuil.

À chaque changement de gouvernement, des têtes tombent, d'autres apparaissent, il est normal que le chef choisisse en priorité ses groupies les plus fidèles, heureux de récupérer quelques lichettes de pouvoir. Mais la distribution de récompenses et de punitions engendre la domination. Si dans l'entourage de Mitterrand flottait la peur d'une relégation soudaine, nous pouvions dormir en paix, aucun risque de perdre les faveurs du Roi, faute d'en avoir jamais eu.

Ainsi nous sauvions notre liberté. Peut-être le Président estimait-il ne pas avoir à favoriser ses neveux des beaux quartiers, lieux qu'il avait pourtant sélectionnés pour s'y loger, lui et sa progéniture.

Le frère d'Olivier, Frédéric, ne profita pas non plus du régime. Dieu sait si son talent était reconnu, ses émissions géniales. Partout où j'allais, quel que soit le milieu social où je me trouvais, je recueillais des louanges le concernant, vieilles dames, commerçants, intellos, tous me vantaient la qualité de ses films, ses dons de conteur, l'émotion les étreignait.... Ils en avaient les larmes aux yeux... Ils en étaient retournés... Jamais une fois je n'ai entendu de critique dirigée contre mon beau-frère, et si je n'étais responsable ni du plaisir que procuraient ses émissions, ni des lois qu'imposaient le Président, les compliments décernés à Frédéric me mettaient dans une situation autrement plus agréable que la malveillance qu'inspirait trop souvent notre oncle. Pour détendre une atmosphère lourde de rancunes, il me suffisait de lancer que j'étais « aussi » la belle-sœur du cinéaste, et aussitôt on m'en voulait moins. Personne ne comprenait que ses émissions passent à des heures trop tardives pour être suivies par des gens qui se levaient le matin, et tous se demandaient pourquoi le Tonton n'imposait pas un neveu si talentueux ! Voulait-il évincer celui qui pouvait lui porter ombrage ? Peut-être n'était-ce pas invraisemblable ! En cas de vote extravagant, Frédo aurait remporté l'unanimité ou presque des suffrages en France, tandis qu'il en manquerait 48 % au premier du nom.

CHAPITRE 19

MITTERRAND, L'IDOLE DES JEUNES

La jeunesse a cela de beau qu'elle peut admirer sans comprendre.

ANATOLE FRANCE

Mitterrand n'avait pas d'idéaux, juste une ambition dévorante. « Je veux être roi ou pape », promettait-il quand il était enfant. Tous les moyens étaient bons pour parvenir à ses fins, à droite c'était bouché, il s'engagea à gauche, comment aurait-il pu s'enflammer pour des idées qui n'étaient pas les siennes ? Son papa, sa maman étaient des gens de droite, avaient voté Pétain comme tout le monde, leur garçon les vénérait, n'avait rien d'un révolutionnaire, il n'aurait point renié leurs convictions autrement que par ambition. Au fond de son cœur, il avait tendrement fait siens les principes de ses parents.

On se demande alors pourquoi la lutte des classes fut reconduite et durcie. François Mitterrand appartenait de cœur, d'âme et de conviction à la petite-bourgeoisie ! De qui se vengeait-il ? De la classe laborieuse qui se levait tôt, dentistes, avocats, et autres professions libérales ; fallait-il les punir de pratiquer des métiers qui leur laissaient trop peu de loisirs pour garder l'esprit ouvert et refaire le monde à la terrasse des cafés ? Pour mieux régner, voulait-il diviser définitivement les Français, les séparer en castes distinctes ? Avait-il la nostalgie du Front populaire ? Il lui a fallu de la patience, il fut opiniâtre, à la fin de son règne, il obtenait un 20/20. Les gens s'engueulent comme des chiens pour faire valoir leur catégorie sociale ! Incroyable, les Français ont perdu toute solidarité mutuelle, d'un milieu à l'autre, on se déteste !

En 1937, on essayait déjà d'oublier les émeutes de 1936 et le gouvernement de Blum en tournant *La Grande Illusion*, résolument pacifiste, film à la gloire de l'entente entre classes sociales. L'amitié ne s'arrêtait pas à la coiffure, en casquette ou en chapeau, on combattait le même ennemi. Après dix-huit de socialisme, on s'habille pareil mais on se cramponne à sa différence, chacun se renvoie ses origines sociales en clamant les prérogatives s'y rattachant. Ni fraternité ni égalité, le moindre incident est prétexte à se reprocher la catégorie sociale à laquelle on appartient, dans une file d'attente, au guichet d'une gare, pour une place de parking, au centre commercial ou dans les embouteillages, toutes les polémiques se terminent en lutte de classes ! Fonctionnaires, professions libérales, petits chefs, employés se jettent grands-parents et religion à la figure.

Que s'est-il passé ? Pourquoi la haine s'est-elle installée ? Quel malaise traduit le terme « fracture sociale » si souvent prononcé dans les discours publics ?

Si la gauche s'était abstenue de fanfaronner trop fort après avoir remporté les élections, probablement nous n'en serions pas arrivés là. Ils ont gagné trois fois, démocratie oblige, nous avions perdu tant pis pour nous, mais tout de même, on aurait pu se comporter gentiment ! Le triomphe provocateur fait du tort aux vainqueurs, de quelque bord soient-ils, ils devraient mettre un point d'honneur à respecter les vaincus.

Avec le socialisme, la violence commença à se faire sentir chez les jeunes pour atteindre son paroxysme aujourd'hui, en dépit des efforts du gouvernement pour les rapprocher. Établissements scolaires des quartiers aisés transformés en lycées professionnels, émissions télévisées à propos de la jeunesse défavorisée, films évocateurs, bonnes paroles, rien n'y fait, envie, rivalité, brutalité mènent la France.

Bien que Mitterrand, la voix cassée par l'émotion, nous ait chanté les louanges de la solidarité, la fracture sociale se creusait.

Pourtant le Président avait de l'influence, on le respectait, il était porteur d'espoir. Il aurait pu non pas gommer, mais diminuer les différences entre la moyenne bourgeoisie dont il était lui-même issu et les autres, ceux qu'on appelle le « populo », ceux qu'on a bientôt définis sous le terme odieux de « racaille ».

Il y a quelques années, par un jour de semaine pluvieux de la morte saison, je traversais la Savoie dans ce genre de train qui la sillonne en s'arrêtant à toutes les gares. Le mois de mai peut être sinistre à la montagne, pas une feuille sur les arbres, une vallée détrempée par la fonte des neiges, le ciel bas à l'horizon, pas une âme, ni touriste ni locaux partis en vacances, bref, c'était triste. Dans un wagon nous étions quelques voyageurs éparpillés, le regard abîmé dans le paysage gris, sauf moi occupée à taper sur mon ordinateur, quand s'y engouffra une bande de chenapans, à vue de nez mineurs, d'origines variées, Marocains, Algériens, Africains mais pas savoyards. Canettes de bière à la main, casquettes à l'envers, débraillés et titubant sous l'effet conjugué du chahut de commande et des cahots du train, ils chaviraient bruyamment ici et là, se vautraient sur les sièges sans s'inquiéter de les salir en posant leurs chaussures dessus. Comme s'ils s'étaient concertés, les rares passagers se levèrent, empoignant leurs bagages prestement, ils se bousculèrent vers le couloir à la queue leu leu, un couple âgé qui marmonnait fébrilement, un monsieur d'une quarantaine d'années baraqué comme un légionnaire, un retraité à moustaches au visage sympathique, tous déguerpirent sous les quolibets des voyous qui s'esclaffaient, ravis de leur numéro conçu pour faire peur.

Encombrée de mon matos habituel, ordinateur en marche, dico, dossiers et papiers, toute précipitation m'était interdite, et puis, peut-être par inconscience, je ne craignais pas de me faire violer par des mômes pour lesquels j'étais une dame qui ne pouvait les inspirer, jeunes comme ils étaient.

Quand ils s'aperçurent de ma présence, ils s'approchèrent, exactement comme des oiseaux qui se laissent apprivoiser, l'un posa le menton sur le siège devant le mien, l'autre s'assit à côté de moi, le troisième se tenait debout derrière. Le reste de la troupe, un peu à l'écart, se dressait pour comprendre à quoi ressemblait la timbrée qui ne s'enfuyait pas à leur vue.

Dans mon fourbi traînait un de mes livres avec mon nom écrit sur la couverture ; ils furent intrigués.

– C'est vous, l'écrivain ?

– J'essaie…

– Vous avez de la chance, avec votre nom ça doit être facile…

Réaction ordinaire qui continue à me vexer, tout de même, ils ne s'écrivent pas tout seuls, mes bouquins ! Mais bon ! Nous n'allions pas nous disputer, je déclinai mon identité. L'oncle Président, à leur avis, était un as ! Tant mieux pour moi, ainsi ils éviteraient d'estourbir sa nièce ! On me proposa de goûter au fond d'une canette, ce dont je les remerciai poliment. La conversation s'engagea. Eux aussi voudraient écrire des livres, plus pour passer à la télé que pour apprendre la grammaire, peu importe.

– Un jour, je m'y mettrai, assura le gamin de la bande.

Il avait encore les joues rondes de l'enfance, il disait avoir quatorze ans, en ajoutant fièrement qu'il faisait plus vieux que son âge. Son copain de dix-sept enleva sa chemise pour me montrer ses pectoraux, il s'entraînait régulièrement avec des haltères pour être musclé comme il faut, ça plaît aux « meufs ».

– Est-ce que ça vous plaît ?

– Certes oui ! Un balèze a plus de force qu'un maigrichon....

Après l'avoir chaudement félicité à grand renfort de clichés, nous discutâmes foot, filles, loisirs. Puis nous abordâmes les rapports parents-enfants, ils furent épatés que j'en aie quatre ! Le seul, un grand Noir sympathique, qui avait un père enviait ses copains qui n'en avaient pas, chaque fois que son paternel le chopait, même s'il avait pas fait de conneries, il cognait ! Vraiment idiot de taper à tout bout de champ ! Quand lui-même serait papa, il choisirait un mode d'expression moins expéditif ! Oui, mais hurler comme le faisait sa mère, intervint celui qui était resté torse nu, « ç'est chiant ! ». Et moi, avec mes garçons, cris ou coups ?

J'exposai ma méthode, en général, j'essayais d'abord de convaincre, parfois oui, je devais me fâcher, mais je ne battais pas. D'un commun accord, ils estimèrent que mes fils avaient de la chance, avec une mère comme moi, si gentille, c'est sûr, eux aussi rentreraient dans le rang... Nous en étions à ces intéressantes comparaisons quand la tête du contrôleur surgit, pour annoncer qu'il avait prévenu la police ; il gronda :

– Ceux qu'auront pas payé leur billet vont voir ce qu'il vont voir !

Il me conseilla de changer de wagon, je lui sus gré de son attention, mais tout allait bien. Perplexe, son regard se dirigea vers le vigoureux jeune homme quasiment déshabillé assis sur le siège mitoyen du mien. Je l'entendais me juger, faut pas être dégoûtée ou sacrément en manque pour se faire tringler par ces vauriens ! Il disparut.

L'escroquerie était un passionnant sujet de débat que j'engageai aussi sec.

– Mes enfants, en ne payant pas votre place vous volez la SNCF, c'est malhonnête !

– Ah ça ! C'est la meilleure !

Ils s'en tapaient de la SNCF, une structure gigantesque qui se faisait plein de pognon sur le dos des malheureux, dont, fussent-ils « milliardaires », ils n'alimenteraient pas les caisses avec le prix de leur place à tarif réduit ! J'essayais de leur expliquer qu'avec les réductions que consentait la SNCF à ses voyageurs, le prix du billet ne couvrait environ que 20 % du coût du voyage, mais ils « s'en tapaient » de mes salades ! C'était un principe auquel ils étaient attachés, pas question de payer un misérable aller-retour Chambéry/Bourg-Saint-Maurice. Le préposé pouvait appeler tous les gendarmes de la région, ils admettaient d'être appréhendés pour un vol par effraction mais pour une promenade qui leur occupait la journée, c'était « relou » ! De toute façon, vu qu'ils étaient tous mineurs, on ne pouvait leur coller une amende et « ma mère, elle a pas de chèque », les commandements à payer, au panier, l'affaire était réglée ! J'eus beau m'évertuer à les morigéner, ils s'en tinrent à leurs résolutions. « Pas une tune pour la SNCF ! » De toute façon ils en avaient pas des tunes !

Comme nous arrivâmes à Chambéry, ils étaient moins fiers : sur le quai douze flics, douze chiens. Le plus débrouillard de mes compagnons de voyage s'empara de mon bagage et me colla aux basques. Cernés par les policiers, ses camarades cherchaient leurs cartes d'identité tandis que je me dirigeais vers le guichet Avis flanquée de mon jeune homme. Ses papiers, justement, n'étaient pas en règle, le bol ! Sans moi, « putain ! j'aurais été dans une sacrée purée ! ».

Je restai en contact téléphonique avec ce garçon ; plus qu'un contact, il m'appelait trois fois par jour ! On finit par se tutoyer. Mon protégé « montait » me voir à Paris, « je te paye à bouffer », proposait-il galamment. Je l'invitais dans un bistrot de la gare de Lyon, l'après-midi je le promenais dans le parc de la Villette, il s'exclamait comme un petit, c'est sûr, les passants devaient le prendre pour mon gigolo, un grand garçon très typé qui parlait trop fort avec un accent très typé aussi. Il s'appelait Omar.

Omar était fier de se rapprocher de son idole, le Président, il me trouvait « humaine » comme mon oncle ! À me comparer au leader socialiste, il me poussait dans mes retranchements, c'était plus que je ne pouvais en supporter, celui-là n'était pas le seul à détenir du cœur dans la famille ! O.K., il causait dans le poste avec des belles phrases, mais n'était pas « au pied » en tête d'un train qui venait d'Aix-les-Bains à attendre un pauvre gars qui venait d'Algérie ! Moi j'étais là ! Les conservateurs peuvent être très charmants et j'en étais une de conservatrice, nièce légitime mais rapportée, d'un autre milieu, fort éloigné… aucun rapport avec la mentalité présidentielle, mais brave quand même… Le bourgeois a des qualités lui aussi… Le garçon réfléchissait, admettait le fait, c'était vrai, j'étais gentille, d'ailleurs il m'aimait beaucoup, en effet, j'étais fidèle au poste, mais n'empêche, ma gentillesse je la tenais du « chef » :

– Dans une bande tout dépend du capitaine !

Puisque j'étais la nièce, obligatoirement, je ressemblais à l'oncle. Il n'en démordait pas. Un môme ! En plus, primaire, à peine alphabétisé, il ne saisissait pas les subtilités de l'hérédité !

Mitterrand avait de la veine, je confortais son électorat, ce ne serait pas la première fois, il arrivait que ses partisans me félicitent, j'étais une « vraie » Mitterrand, une « pas fière » comme lui ! À son image ! Quelle farce, mon oncle était froid comme un glaçon, et moi si chaleureuse, si bonne pâte ! Bien involontairement, il m'arrivait souvent de lui faire sa pub, à Mitterrand. Quand Omar aurait ses papiers en ordre, il voterait pour mes ennemis en pensant à moi ! De quoi me réjouir ! En dépit de mes dénégations parfois exaspérées, n'étais-je donc pas l'exemple approprié pour le faire changer d'opinion ? Il restait persuadé que les nantis étaient des brutes. Pour lui prouver qu'on pouvait vivre dans un bel endroit et tendre la main à son prochain, j'aurais peut-être dû l'inviter à prendre le thé à la maison. J'avoue avoir douté de son indépendance vis-à-vis de ses camarades d'action dont l'occupation favorite était de voler des voitures ; de là à ce que, sur ses informations, ils débarquent en nombre pour détruire mon logement, il n'y avait pas loin ! Un ami très cher, politiquement assez haut placé pour être informé des dangers que pouvait entraîner la délinquance, m'avait mise en garde, surtout ne donner aucune information privée, ni téléphone ni adresse. Omar avait mon numéro, autant m'en tenir là ! Je n'avais que la parole pour le convaincre des qualités de ceux de ma sorte, en vain ! Fatiguée, je renonçai à discuter d'un sujet qui m'énervait énormément. Il revenait à son idée fixe. Justement, si par mon immense bonté, il pouvait « le » rencontrer « en chair et en os, c'est autre chose », il saurait être reconnaissant. Je ne saisissais pas de quelle manière il envisageait de me témoigner sa gratitude, quel que soit l'intérêt que je puisse en tirer, j'étais bien décidée à ne tenter aucune démarche pour satisfaire son souhait. Non seulement je n'aurais pas obtenu une entrevue mais j'avais déjà mauvaise réputation dans ma belle-famille et j'aurais aggravé mon cas en débarquant à l'Élysée flanquée d'un jeune Algérien découplé comme un athlète. Pourtant le pauvre chéri essayait par tous les moyens de m'amener à lui faire confiance ; quand il voulait, il savait se tenir en société, il me jurait qu'il pouvait être vraiment « classe », il décrivait la tenue qu'il aurait portée, son frangin lui aurait prêté son blouson de cuir, il me promettait la casquette à l'endroit et des baskets neuves…

– Dis oui, me suppliait-il.

J'éludais :

– On verra…

Comment diantre un homme glacé comme l'était Mitterrand pouvait-il inspirer tant de sentiments ? Comme Napoléon avec ses soldats, il aurait pu tout obtenir d'une telle admiration.

Omar, menteur, me cachait ses conneries les plus sérieuses, mais ne pouvait s'empêcher de se vanter. Par recoupement, je devinais qu'il n'avait rien d'un enfant de chœur ; éternellement dans son tort, il attirait les ennuis. Je lui faisais la morale, lui procurais de bons conseils que vraisemblablement il n'écoutait pas puisqu'un jour il disparut. Il m'appelait d'une cabine, logeait chez des potes dont j'ignorais les adresses, plus d'école, pas de boulot, je n'avais pas retenu son nom de famille ; je m'inquiétais, le cherchais en vain. Non, il ne s'était certainement pas lassé de nos conversations, il m'aimait bien, son inexplicable silence était alarmant, même d'une prison on pouvait appeler une amie. Il se prenait pour un caïd, se croyait invincible, souvent je lui disais de faire attention à lui, le malheur ne tombait pas que sur les copains, parfois une algarade anodine pouvait mal tourner, être grave, très grave. À Cergy Saint-Christophe, sur les murs, des plaques commémoratives rappellent des drames, il n'y est plus écrit mort « pour la France » mais « par la violence ». Je n'ai plus jamais entendu parler d'Omar.

Probablement, dans les grandes villes les mauvais garçons sont des terreurs par rapport à ceux qui traînent en province, mais celui-là était attendrissant, susceptible d'être réinséré.

Les marginaux, les dévoyés étaient nombreux à croire en Mitterrand, au lieu de leur monter la tête contre les bourgeois dont il était, il aurait pu encourager les uns et les autres à quelques vertus de base : un peu de bienveillance, un peu de tolérance pour les idées du voisin, vous paraissent-elles ineptes, on doit les prendre en compte, un peu de sentiment et d'humour entre nous et les Français se seraient retrouvés sous la force tranquille du Président qui tout en restant fidèle à ses origines aurait pu se servir de l'enthousiasme qu'il inspirait pour concilier les gens entre eux. On l'aurait écouté, suivi. Mitterrand inspirait le respect, surtout aux jeunes, les hommes de demain. Quel dommage de ne pas avoir usé de son influence à bon escient !

CHAPITRE 20

JE N'IRAI PAS CRACHER SUR SA TOMBE

Le roi est mort.

Ce fut la fin. Et jusqu'à la fin j'ai embarrassé ma belle-famille par ma maladresse. À l'occasion de l'enterrement de François Mitterrand, j'ai fait fort. Quand je pense à ces funérailles quasi nationales dont j'ai troublé la solennité, la rougeur me monte au visage.

Le grand-oncle de mes enfants décéda le lundi 8 janvier 1996. L'enterrement était programmé pour le jeudi à Jarnac. Personnellement, je ne suis pas une fanatique de ce genre de manifestation, l'idée de terminer de toute façon entre quatre planches porte à réfléchir sur le dérisoire de l'existence, remettant en cause toute cette énergie qu'on déploie pour donner un sens à la sienne, j'évitais les obsèques et les cimetières. Lorsque le défunt est âgé, malade, sa réussite sur la planète complète, on devrait sabler le champagne plutôt que de verser des larmes. J'avoue avoir appris la mort attendue de François Mitterrand avec placidité. Le bon Dieu avait enfin abrégé ses souffrances !

Pour échapper à la cérémonie, hypocrite, j'avançai le prétexte de mes fils, prétendant déraisonnable qu'ils sèchent l'école deux jours. Olivier, embêté de les inciter à la paresse, consentit à condition de savoir ce qu'en pensait le proviseur de leur lycée. C'était une amie, je l'appelai. Sa réaction fut catégorique, je commettrais une faute grave en excluant ses élèves d'un événement d'une telle importance, ils me le reprocheraient certainement plus tard. De toute façon à Janson, il y aurait une commémoration à la place des cours. Elle me convainquit.

Chirac avait affrété un avion pour la famille qui devait décoller le jeudi à cinq heures du matin. Les concessions dans un couple sont nécessaires. Néanmoins celle de se lever à quatre heures me sembla insurmontable, on coupa la poire en deux. Olivier accepta que moi et les garçons prenions le train la veille, nous passerions tous les trois la nuit à l'hôtel et nous rendrions sur place en voiture de location, le matin à neuf heures. Lui-même resterait avec le « groupe », c'est-à-dire une centaine des personnes les plus proches de François, frères, sœurs, neveux et intimes. O.K. on se retrouverait demain.

La réception de l'hôtel nous réveilla en temps voulu, les garçons ravis d'un petit déjeuner au lit s'y prélassèrent, je leur demandai à plusieurs reprises de se préparer, comme tous les enfants du monde, ils excellaient dans la traînasserie, je commençai à m'énerver. Maël, le plus jeune, était prêt, la note payée, tandis que Moïse, enfermé dans la salle de bains, chantait sous la douche, de plus en plus fort à chaque argument que je hurlais derrière la porte close. Il avait quatorze ans, une voix avec laquelle ni lui ni moi n'avions eu le temps de nous familiariser et dont il apprenait à se servir à mes dépens, content de devenir comme la majorité des hommes un gueulard ; il émaillait ses refrains de revendications à mon intention. Je n'avais plus à le commander… Il n'avait pas trois ans… Il savait ce qu'il avait à faire… Il contrôlait la situation… Dans le vacarme de l'eau qui coulait, je tentai de le prendre par les sentiments ou arguments de poids. C'est vrai, étant maintenant un homme, il devait protéger la maman de la colère du papa, je me ferais massacrer en cas de retard, nous devions rouler une vingtaine de kilomètres jusqu'à l'endroit voulu et je ne connaissais pas le chemin, nous allions partir sans lui… S'il ne sortait pas immédiatement, je supprimais l'argent de poche pendant un an… Il n'aurait plus jamais l'occasion d'assister à l'enterrement d'un oncle président de la République… Ni menaces, ni chantage, ni suppliques ne l'émurent, il clamait ses privilèges en chantant. Je ne pouvais tout de même pas mander un serrurier ! Ouf ! Le voilà ! Tiré à quatre épingles, et nous à la bourre. Je les bousculai lui et son frère jusqu'à notre véhicule de location : vert émeraude ! Mes monstres ne tenaient absolument pas compte de mes « dépêchez-vous » de plus en plus exaspérés, trop habitués à mes injonctions quotidiennes. « Dépêchez-vous » doit être l'expression la plus employée dans la carrière d'une mère de famille. Pour eux, l'enterrement de Mitterrand ne méritait pas plus de stress qu'un départ à l'école.

– Y a pas le feu… On se calme… T'es toujours pressée…

Un quart d'heure plus tard, nous atteignîmes l'autoroute. Déjà fermée ! S'il fallait passer par les routes vicinales, nous n'y arriverions jamais !

Je paniquai complètement. Qu'est-ce que j'allais prendre !

– Ton père aura raison de m'engueuler…

– Moi j'y peux rien si tu ne sais pas t'orienter, t'as qu'à te renseigner…

– Petit crétin, si tu ne te pomponnais pas pendant des heures, nous n'en serions pas là…

– C'est la meilleure ! maintenant on n'a plus le droit d'être propre…

Deux camions et une voiture de gendarmes en travers bloquaient l'entrée d'une bretelle. Je me décidai à leur confier mes soucis. D'abord, les gendarmes me dirent avoir reçus des ordres très stricts, pas de véhicule sur l'autoroute. Je n'avais qu'à me débrouiller pour me diriger. Ensuite, à la lecture de nos trois passeports dont j'avais eu la prudence de me munir, ils se radoucirent et se mirent au garde-à-vous, puis ils coururent chercher un chef supérieur, du renfort, une escorte digne de cette personne et de ses deux fils. Nos passeports passaient de main en main, je les entendais penser, fichtrement perplexes : « Qui est cette femme ? Qui sont ces enfants ? En tout cas des Mitterrand en bonne et due forme ! »

Impressionnés, ils n'osèrent s'enquérir de la nature de ma filiation, peut-être allais-je me vexer d'un sondage approfondi, peut-être auraient-ils dû me reconnaître ! Fille bâtarde ? Maîtresse reconnue mais secrète ? Sœur célibataire ? Ils se concertaient en chuchotant, il ne s'agissait pas de créer un incident diplomatique ! Autant en faire trop que pas assez, un militaire avec une casquette à galon doré et la poitrine couverte d'écussons bleu blanc rouge claqua des talons, se mit à notre disposition pour nous convoyer vers les lieux. Il monta dans la voiture, s'assit à ma droite.

Olivier m'avait dit de le retrouver dans « la salle du staff », où la famille était réunie.

Dans un grand ronflement de moteur Diesel, les camions de police furent déplacés pour nous ouvrir la voie. Sur les bas-côtés de l'autoroute déserte, des gens envoyaient des roses rouges sur le toit de la voiture vert pomme conduite par une femme en noir, accompagnée d'un monsieur en uniforme très médaillé, avec deux garçons derrière, dont l'un, Moïse évidemment, côté fenêtre, chuchotait à l'oreille de sa mère qu'elle devait absolument reculer, à son avis, il y avait un malentendu à éclaircir rapidement. Comme si un retour en arrière était possible ! Pour couvrir les sombres murmures de mon fils, j'embrayai à nouveau à propos du lieu de rassemblement. Je « repetassai » les recommandations de mon mari.

– Tu as compris ? avait-il insisté sévèrement, « la salle du staff », c'est facile à retenir !

Il connaissait mon étourderie, je ne me souviens que de ce qui m'intéresse, le reste s'efface comme par enchantement, à mon avis ce défaut de caractère me confère une certaine insouciance. En occultant les difficultés, je finis par les neutraliser. Olivier craignait aussi que m'amène à la désobéissance mon manque d'enthousiasme à l'idée de participer à l'enterrement d'un grand socialiste, certainement bourré de socialistes avec lesquels il faudrait rester polie et pas un seul copain de ma condition.

Il était clair que mon guide, comme moi, ne voyait pas du tout de quel staff et de quelle salle je l'entretenais avec la véhémence de l'ignorance. J'utilisai force gestes et paroles pour lui expliquer que la parenté présidentielle était réunie dans un hangar, une salle, un genre de grande pièce, que je devais rejoindre d'urgence, à tout prix, mon mari m'attendant. J'embêtais mon passager avec mes obnubilations qu'il mit sur le compte du chagrin, il ne devinait absolument pas de quelle structure je lui parlais ! Pour calmer mon angoisse, il me parla de son métier. Sa caserne à lui se situait dans une ville éloignée, aux confins d'une coquette bourgade, il cita le nombre de troufions qu'il avait sous ses ordres, m'expliqua en détail comment il les dressait et les préparait à la guerre.

Pour lui prouver l'intérêt que je prenais à son enseignement mais de plus en plus nerveuse, je dis n'importe quoi :

– À mon avis, vous vous fatiguez pour rien, maintenant la guerre ne s'effectuera plus comme à l'époque des mousquetaires.

Il s'offensa, c'était avec des idées à ce point rétrogrades qu'on mettait l'armée en péril ! Il pratiquait sa profession au mieux et n'avait rien à se reprocher !

Ce n'était vraiment pas le moment de s'engager dans une polémique, je me rattrapai maladroitement en le complimentant avec excès, assurant que j'étais profane en matière de Défense nationale, essayant de revenir à mes moutons. Étions-nous dans la direction adéquate ? Nous rapprochions-nous de « la salle du staff » ? Je commençais à l'agacer, décidément cette créature était obsessionnelle, et vraiment pas maligne ! Il me parlait comme un militaire à ses conscrits : « Allons, vous en faites pas, calmez-vous... » Il savait exactement où devait se dérouler « l'opération commandée » ! Il se croyait sur un champ de manœuvre !

En dépit de son optimisme, j'étais drôlement anxieuse !

Nous arrivions dans un sous-bois proche d'une espèce de grande tente, sur un parking improvisé, des camions de police, de télé, des journalistes qui fument des cigarettes, des motards en faction près de leurs motos, le casque à la main et une demi-douzaine de voitures de fonction noires, prêtes pour le retour.

Je perdais mon protecteur, affolée, mue par une prémonition funeste, j'en bégayais :

– Mon... Monsieur... Mon... Mon commandant... Il y a erreur...

Il avait hâte de se débarrasser de nous, et me répondit, presque irrité :

– Garez-vous derrière les autres. C'est ici.

Il ouvrait déjà les portes de notre guimbarde.

– Allez, debout !

Salut militaire, il disparut.

Zut alors ! Que faire maintenant ?

À dix mètres de là, l'oncle Jacques en grand uniforme de général vient vers moi, murmurant :

– Qu'est-ce que tu fiches là, toi ?

Je m'excusai, atrocement gênée, marmonnai que je n'en savais rien, lâchement je rejetai ma responsabilité sur mon chauffeur dont j'avais subitement oublié le grade.

– C'est un adjudant qui nous a guidés.

Comme je l'ai déjà raconté, les Mitterrand peuvent être intimidants, et oncle Jacques avait l'air diablement mécontent.

– Où diantre vois-tu des adjudants ? Bon ! Puisque tu es là, que faire d'autre, reste là.

Quelques militaires en rang attendaient au milieu d'une piste de décollage, sur le côté, Danielle escortée de Jean-Christophe et de Gilbert, madame Pingeot et Mazarine, collées l'une contre l'autre, deux tristes orphelines, moi et mes fils, juste avant le chien de Tonton tenu en laisse par un monsieur. Dumas en retrait. Tous se détournèrent un instant de leur chagrin pour nous observer sans un mot ni un geste. Polie, j'ébauchais de discrets saluts que j'essayais de faire paraître le plus contrit possible. Si j'avais pu rentrer sous terre, si un cataclysme quelconque nous avait anéantis, j'aurais accueilli cette fin avec soulagement. *Niet*. Un calvaire irréversible.

À ce moment un avion atterrissait sur la piste, de la carlingue fut éjecté un toboggan-escalier, puis dans le vent, la pluie et le froid, porté par des soldats, le cercueil de François Mitterrand.

Pétrifiés de ne pas être à notre place, mes fils et moi nous étions réfugiés dans la dignité affligée et nous inclinions respectueusement, comme les épouses et leurs enfants, devant le cortège mené par une fanfare qui entonna une musique de circonstance. Au moins vingt minutes, l'épreuve ! Évaluation probablement erronée, si on tient compte de l'angoisse qui me submergeait ! Puis on glissa le Président dans son fourgon.

Les chauffeurs se mirent au volant.

Danièle et ses fils, madame Pingeot et Mazarine, moi et mes garçons, le chien et son garde, marchâmes tête basse vers les berlines.

Impossible de me défiler sans troubler le bon déroulement des usages. Je récupérai mon carrosse, mes fils qui n'en menaient pas large se glissèrent à l'arrière, et nous voilà repartis, encadrés par des CRS à moto. Sur les bas-côtés de l'autoroute, il y avait beaucoup de monde maintenant à lancer des roses sur le convoi. On devait se demander pourquoi une Renault vert pomme roulait en queue du cortège mortuaire derrière le corbillard, le minicar militaire et quelques véhicules de deuil, juste avant la jeep du labrador. À l'intérieur de notre auto, nous étions muets, même mon fils Moïse n'avait plus de conseils à me donner.

Quand mon époux nous retrouva enfin, il était trop abasourdi pour me réprimander.

– Ça n'arrive qu'à toi, a-t-il remarqué en serrant si fort les mâchoires que les mots passaient à peine entre ses dents.

J'ignorais qu'Olivier savait déjà dans quel pétrin je m'étais fourrée !

L'ensemble de la famille était parqué dans cette fameuse « salle du staff » devant un écran géant ou était projetée l'arrivée de la dépouille présidentielle. Sidérés, tous reconnurent la « troisième femme », flanquée de ses fistons, les trois pareillement abîmés dans l'affliction. Mes copains, ma propre famille, le proviseur du lycée de mes enfants, la France entière, tous se demandèrent comment j'avais magouillé pour me trouver là.

Après la stupéfaction, le mécontentement. Mon beau-père, les belles-mères, les oncles, tantes et cousins piétinaient depuis l'aube, taxis, salles d'embarquement, charters, puis entassés comme des moutons dans une sorte de hangar plein de courants d'air, fatigués, barbouillés, tandis que la traîtresse de « nièce rapportée » émergeait de son deux étoiles pour se rendre tranquillement aux premières loges. Il y avait de quoi en oublier sa peine pour se mettre en colère !

J'étais bien la dernière à mériter une telle chance, jamais solidaire, ergoteuse, toujours à revendiquer mon appartenance à la bourgeoisie, une intrigante ! Oui, une opportuniste qui se débrouillait pour passer à la télé, alors qu'elle aurait dû se tenir au dernier rang des parents du Président. Pour qui se prenait-elle ?

On ne m'aimait déjà pas beaucoup, l'hostilité empira.

Avec le recul, ce malentendu involontaire m'amuse encore, mais sur le coup, je ne me pavanais pas et fus bien soulagée de me fondre dans la foule, derrière mon époux. Assumer ma position ambiguë m'avait scié les jambes, et la journée ne faisait que commencer, le cortège à pied jusqu'à l'église s'étirait en longueur. En plus j'avais froid, il pleuvait, quelle journée !

Et pour ajouter à mon malaise, je fus scandalisée par les allures de mascarade que prit la cérémonie.

Pendant la messe, devant l'autel, deux épouses. Il ne manquait plus que le turban à l'archevêque pour le confondre avec un mollah, on se serait cru à la mosquée ou dans un temple chinois. Enfin, chez les partisans d'une confession qui autorise la bigamie ! Mitterrand était vraiment tout-puissant, même le clergé se plia à sa volonté, à sa demande, le catholicisme s'abaissa au compromis.

En dépit du lieu, de la componction des fidèles et du nombre de personnalités reconnues dans la politique, la culture et la littérature, je m'indignai en sourdine, la religion musulmane gagnait du terrain, n'était-il pas honteux de se laisser ainsi coloniser ? Comment le Pape pouvait accepter un truc pareil ? Hors mon mari qui aurait donné cher pour me coller un bâillon sur la bouche, personne ne m'entendit, tous bien trop occupés à exprimer dans leurs mouchoirs leur immense chagrin.

Le lendemain de cet enterrement très catholique retransmis dans le monde entier, dans les cafés, bistrots, c'était la rigolade, les Français s'esclaffaient, finies les conventions idiotes, la monogamie, le respect du mariage, la responsabilité légale, au panier ! Puisque le chef de l'État se le permettait, puisque l'Église le couvrait, pourquoi se gêner, eux aussi pouvaient annoncer la couleur et multiplier les femmes officielles, pourquoi pas quatre ou cinq à la fois ? Quel pied !

Post mortem Mitterrand, en bafouant les règles essentielles de la doctrine judéo-chrétienne, ébranlait une institution déjà difficile à maintenir ; le mariage est pénible mais préserve le couple et la famille, protège les enfants.

L'histoire est banale, un homme marié vieillissant tomba amoureux d'une minette de quelque vingt-cinq ans de moins que lui, madame Pingeot, et lui fit un enfant, Mazarine. Par convention ou fidélité au choix du passé, comme tous les maris du monde, cet homme n'avait pas plus envie de divorcer que de « reconvoler ». Posséder plusieurs femmes à la fois est le rêve de tout citoyen, en général le malheureux louvoie, hésite, tergiverse, puis acculé au choix, le principe du ménage simultané étant proscrit par la religion, il divorce la mort dans l'âme, ou quitte sa maîtresse encore plus désespéré.

Tant que son pouvoir dépendait de l'image qu'il voulait offrir aux Français, Mitterrand s'autorisa la polygamie en secret, puis cette déviance ne risquant plus de nuire à son élection, il la vécut au grand jour, et poussa l'insolence jusqu'à la faire bénir par un curé ! Il aurait pu la dissimuler jusqu'au bout. Histoire de donner le bon exemple !

CHAPITRE 21

LA BOURGEOISIE : UNE MALADIE HÉRÉDITAIRE ET TRANSMISSIBLE

Les bourgeois, ce sont les autres.

JULES RENARD

Et voilà, la page étant tournée, les vérités dévoilées, les comptes réglés, on aurait pu entamer une nouvelle ère et les descendants profiter de la notoriété du nom enfin débarrassé de sa couleur politique.

Non. Après la mort de Mitterrand, on exhume des vieilles affaires ravivant la rage des opposants, engendrant celle des socialistes de base. « Après moi le déluge », certainement leur en voulait-il, pour leur léguer, sans craindre une sanction électorale, une ribambelle de fautes capitales soigneusement occultées tout au long de ses deux mandats. Du haut de son ciel, il devait se régaler de les avoir si bien bernés. N'étant plus là pour requinquer ses troupes, successivement directif puis amical, caustique, tantôt protecteur, et si talentueux à manier la langue de bois qu'on en oubliait le sujet des litiges, adorateurs perpétuels, inconditionnels têtus, les riches, les pauvres, tous lui tombent dessus. Même les juifs qui avaient vu en lui un sincère combattant de l'antisémitisme n'en reviennent pas qu'il ait pu parler de lobby juif.

Faute de cible, on s'en prend aux descendants, à moi aussi, « innocente » nièce rapportée, on m'en veut de la déception, parfois méchamment, ça dépend des régions, des caractères, de l'âge des agresseurs, comme si j'y pouvais quelque chose !

On regrette : « Ah ! Si j'avais su ! »

Faut-il être borné ! J'ironise en sourdine.

– Parce que vous ne saviez pas ?

On se lamente : « Voilà où nous ont menés vos sales mensonges… La corruption… Le vol… c'est du propre… »

– Juste ciel ! Quand donc ai-je menti ! Et volé !

On m'engueule : « Mitterrand n'avait pas le droit de faire passer son propre intérêt avant la patrie, *vous* devriez avoir honte. »

L'intérêt de François Mitterrand ne concorde absolument pas avec le mien ! Comment le dire ? Je dois accepter mon alliance, il est trop tard pour me défiler, mais il est encore temps d'assumer ma différence.

Faut-il que je me sois comportée avec trop de politesse tout au long de ces années pour être si bien associée au régime alors en vigueur ! Je fais tout de travers, j'étais mal vue par les vainqueurs au temps du triomphe et encore plus mal vue par les mêmes, désormais déçus, à l'époque du bilan. Mes amis le sont restés.

Je dois acquérir mon indépendance, devenir moi-même sans m'occuper du qu'en-dira-t-on.

Après dix-huit ans de mariage, ma volonté de conserver des bons rapports avec ma belle-famille s'est émoussée. Au lieu de baisser le nez, j'ai relevé les insinuations désobligeantes à l'encontre des bourgeois. J'en avais entendu de toutes les couleurs sans piper. Étriqués, bornés, incultes… Cupides… La jeunesse dorée ne sait rien faire sauf claquer le fric de papa-maman… Dominés par la peur de manquer, on amasse comme des fourmis… Dédaigneux avec les inférieurs… On n'aime pas les animaux... Nous refusons l'ouverture sur l'extérieur... Des fachos... Des réacs... En résumé : des salauds ! Il y en a, j'en conviens. Pas tous !

Le pouvoir comme l'argent étant corrupteur, ceux qui en sont pourvus peuvent être détestables, leurs dépenses exorbitantes et leurs conversations qui les chiffrent au dollar près indécentes. L'asperge à dix euros dans les bistrots branchés, je ne mange pas. Le T-shirt à trois cents euros, je ne porte pas. Oui, il m'arrive d'avoir honte de mes pareils, c'est à cause d'eux que naissent les rancœurs, parfois la haine, ce sont eux qui engendrent la révolte, c'est par eux que le malheur nous tombera dessus et ce sera bien fait pour eux et pour moi qui subis l'amalgame en dépit de mon refus d'être assimilée à des gens dont la mentalité n'est pas la mienne, quoi que puisse en penser ma belle-famille !

En effet, je suis une bourgeoise économe mais si je fais « attention », je n'utilise pas n'importe quel moyen pour en gagner davantage. Pourtant, quand on s'appelle Mitterrand, tout est monnayable : informations, introductions, confidences, il suffit de savoir mener l'affaire, des occasions se sont présentées que je n'ai pas saisies.

Pour remercier une riche Américaine de s'être occupée de mon fils lors de son séjour aux États-Unis, je me dévoue pour une journée de tourisme à Paris. Bateau-mouche, exposition, salle des ventes, nous terminons dans une maison de couture. Soudain, elle n'a plus rien à se mettre, prise de frénésie, elle dévalise la boutique, je tente de la freiner dans ses achats, puis réalisant que je ne suis pas le garant du porte-monnaie de monsieur, vogue la galère ! Elle claque un maximum !

À la caisse, pendant qu'elle se débat avec sa TVA à récupérer, la chef vendeuse me prend à part, naturellement « madame Mitterrand », comme à l'accoutumée, la maison saura montrer sa reconnaissance, si je veux bien la suivre à l'étage… Nous réglerons tout ça là-haut. Qu'y a-t-il donc encore à « régler » ? Avec mes six heures de trotte dans les pattes, le bruit, l'effervescence des vendeuses et les paquets à mes pieds que je ne sais comment embarquer jusqu'à la voiture garée au cinquième sous-sol, je suis trop fatiguée pour monter un escalier, un pas de plus et je m'écroule ! Je réponds un peu sèchement que pour aujourd'hui, j'en ai ma claque.

L'extrême embarras de la vendeuse m'intrigue, la pauvre se confond en excuses. Elle est absolument navrée de m'avoir offensée… Elle a cru bien faire… Elle regrette… D'ordinaire l'autre « madame Mitterrand »… Madame votre maman ? Non ! Alors une parente probablement… Une dame avenante… Une personne tout ce qu'il y a de comme il faut, qui a l'habitude… Mon Dieu comme c'est délicat… Je ne voudrais pas lui faire du tort… Et… que ça me retombe dessus… On pouvait imaginer qu'étant de la même famille, les exigences seraient identiques… À travers détours et circonvolutions du langage, je saisis enfin qu'il y a de la tractation là-dessous ! Pour la faire courte, quand cette mystérieuse dame Mitterrand fait profiter l'établissement de ses relations internationales, elle touche sa com' !

Éberluée, je bredouille des dénégations.

Certainement cette parente anonyme, au cours d'un repas familial, m'a fait rougir de rage en se gaussant de ces bourgeois invariablement âpres au gain !

Peut-être suis-je susceptible, mais il aurait fallu être sourde pour ne pas l'être ! Aussi curieux que cela puisse paraître, le seul qui se soit toujours montré gentil avec moi, c'était le Président : jamais un sous-entendu incisif, jamais une allusion concernant mes origines, tolérant et bien poli l'oncle François ! Autrement on se fichait pas mal de me vexer ! On acceptait mes invitations pour se plaindre en sourdine de ma façon de recevoir. Me laissant sentir son agacement, on me faisait l'œil de verre ou on ne répondait pas à ma poignée de main ; pourtant, quand il fallait être aimable pour une bonne cause, ils savaient être mielleux à souhait ! Et surtout on se permettait de me critiquer devant mes mômes qui immédiatement me faisaient un compte rendu détaillé de ce qu'ils avaient entendu. Vraiment, ce n'est pas joli de dire du mal de leur mère à des enfants !

Était-ce par antipathie spontanée pour ce que je représente, m'en voulait-on de ma volonté de rester moi-même, me reprochait-on le savoir-vivre bourgeois que je voulais inculquer à mes petits ? Quelles autres manières leur transmettre que les miennes ? Je n'en connaissais pas !

Il y a une quinzaine d'années, lors d'un déjeuner à la campagne, j'avais fait remarquer à mon fils de dix ans qu'on ne se servait pas avant les dames. Comme il râlait, inquiet de ne pas être nourri convenablement, un de mes invités gauchisant avait pris violemment sa défense, pour avoir l'air « comme il faut », les bourgeois étaient prêts à priver leur gosse de nourriture.

– Mange à ta faim mon petit gars, envoie balader ta mère et ses principes de bourge…

Mon fils stupéfait qu'on attaque sa mère, d'un clin d'œil complice, se rangea immédiatement de mon côté, mieux édifié par l'intempérance du bonhomme que par mes sempiternelles remontrances. Tandis que l'énergumène continuait sa tirade contre l'éducation traditionnelle, qui dans ce cas précis lui était pourtant favorable, car si je ne l'avais pas reçue dans mon enfance, toute hôtesse que j'étais, je lui aurais balancé le plat à la figure, mon poing sur le nez et des injures à la mesure de ma fureur – ne nous leurrons pas, j'en connais un répertoire complet. Parfaitement polie, je fis comme si de rien n'était, et la conversation anodine put reprendre son cours.

Des différences de vocabulaire, de gestes, d'habitudes. Inutile de s'affronter pour si peu !

Depuis qu'elle existe, on dénigre la bourgeoisie, les aristos l'estimait vulgaire, les employés contestaient son autorité, aujourd'hui toujours pas de salut, il est de bon ton de la blâmer. Les bourgeois perdent confiance en eux, ils ne savent plus que faire pour s'assimiler, tentent de se brancher dans les domaines artistiques d'où on les exclut arbitrairement – il a le droit de se payer une œuvre pas de se prendre pour un artiste. Trop souvent, humblement, il essaie de se dédouaner en se moquant des travers dont on l'incrimine.

Allons, il y a des personnalités éclairées partout, redressons-nous, assumons, ne nous laissons pas impressionner par la médisance et ne rougissons plus de ce que nous devrions être, il y en a tant qui cherchent à nous imiter.

CHAPITRE 22

DUR À PORTER OU PAS, C'EST MON NOM ! PAS FACILE D'EN CHANGER

On ne peut à la fois être sincère et le paraître.
ANDRÉ GIDE

Parachutée dans une famille qui dénigrait mes origines, pendant des années, afin de ne pas avoir le rôle de victime consentante, ni celui de la virago chatouilleuse, j'ai fait semblant d'être au-dessus des attaques en ruminant de remarquables vengeances. En fait j'étais non seulement concernée mais aux aguets, ombrageuse, je notais les insinuations, les non-dits, les mines supérieures. J'accumulais les rancunes ! Forcément, un jour on ne voit plus de raison de les garder pour soi ! Des questions insidieuses vous tarabustent le cerveau : pourquoi conserver des relations épisodiques et glaciales avec des gens qui ne vous respectent pas ? Pourquoi accepter les impertinences volontaires de la part d'un entourage dont je ne serais jamais estimée ? Pourquoi faire des sourires qui seront à juste titre qualifiés d'hypocrites ?

J'en ai eu marre d'être menteuse. Vous ne m'aimez pas, moi non plus.

J'ai cessé de jouer la comédie et me suis offert le luxe de dire ce que je pense. Le pli étant pris, je devins de plus en plus sincère.

Les conséquences ont été immédiates, la rupture définitive.

J'abandonne la partie avant la fin du match, il fallut vingt ans à ma belle-famille pour avoir raison de mes espoirs.

– Tu verras, je ruinerai ton ménage…, m'avait menacée ma belle-mère pour je ne sais plus quelle raison.

C'est plutôt bizarre comme souhait, car mon échec serait aussi celui de son fils, peut-on espérer le malheur de son enfant ?

Lasse de me bagarrer, je renonce à une victoire dérisoire et j'y trouve mon compte, ces gens sont terriblement conventionnels. Libérée des anniversaires, remises de décorations et festivités diverses, auxquels je ne suis plus conviée, débarrassée du poids des convenances auxquelles ne m'avait pas habituée un père fantaisiste, du bourrage de crâne que je devais approuver, des mystères dont je ne suis plus curieuse, je suis soulagée de ne plus me plier à de mauvaises relations que nous entretenions de mauvaise grâce.

C'était prévisible, notre couple n'a pas résisté à mon indépendance. Ne suivant plus mon époux en des lieux où nous passions le plus clair de son temps libre, principalement chez « Maman chérie », bientôt Olivier et moi ne nous sommes plus rejoints.

Pour les Mitterrand, le rôle de la pièce rapportée est de s'incliner sans comprendre, sans interroger, sans critiquer ; elle n'existe pas, tout simplement. Elle peut s'en aller, revenir, souffrir, ruminer des rancunes, s'éprendre ailleurs et trahir, sangloter, rire ou disparaître, ils s'en fichent, ils n'ont pour elle ni estime ni mépris, ils ne craignent d'elle ni son désespoir ni sa vengeance, ils ne s'aperçoivent pas de sa présence, ne remarquent pas son absence. Elle ne compte pas, elle n'est rien.

Me sentant par trop transparente, je suis partie, seule, sans mari, sans contrainte, sans famille, avec mon « nom ».

Une phrase mitterrandienne : « qui m'aime, me suive ». Personne ne pensa ni à me suivre, ni à me retenir... Ni à m'aimer d'ailleurs.

Les jeunes filles devraient écouter leur papa, le mien m'avait pourtant mise en garde :

– Petite, on se marie chez les siens. « De sa sorte, à sa porte », le mariage est un pari à risque, donnez-vous des chances de le gagner...

J'entends sa voix un peu moqueuse.

Allons ! Pas de regrets, les vies ne sont-elles pas toutes un peu ratées ?

Trop de différences à vaincre que je n'ai pas vaincues. J'ai perdu mon pari. Eh bien non !

Ce récit qui s'achève prouve que les convictions politiques, le milieu et l'éducation n'ont pas de rapport avec les élans du cœur. Afin d'éviter de déraper dans une critique systématique ou partiale de la gauche, j'ai raconté mon histoire sous le contrôle permanent de Bernard Maris, lui-même socialiste de la première heure comme l'était son père, grand ami de Vincent Auriol. Le socialisme c'est comme la bourgeoisie, transmissible de père en fils ! Mon cher Bernard, lors des dernières élections, s'est présenté dans le dixième arrondissement sous l'étiquette des Verts, a fait le meilleur score de France pour un Vert non soutenu par le Parti socialiste, tout ça pour dire combien lui et moi ne sommes pas du même bord ! Tout au long des dix-huit mois qu'a durés notre travail, s'est affermie notre amitié réciproque. Je suis « sa bourgeoise préférée », il est pour moi un très cher ami. Nous avons ri, discuté, nous nous sommes affrontés, réconciliés, sans jamais tomber dans le ressentiment. En fait, j'ai gagné mon pari, quand on a du respect pour l'autre, on peut s'entendre avec des gens qui ne pensent pas comme vous. Bernard Maris et moi resterons des amis.

Une rupture même volontaire est une épreuve, on ne peut se réjouir de quitter ceux qu'on aime, c'est difficile de tirer un trait sur le passé. J'ai serré les dents pour m'habituer à vivre sans les miens.

Sans doute mon ange gardien s'est-il ému de mon courage, avec mon départ, j'ai découvert qu'à l'étranger le nom de Mitterrand est respecté. Bien après la mort du grand chef, hors du territoire français, c'est comme à la SNCF du temps de sa splendeur. Plus de mauvaises allusions, plus de phrases déplaisantes auxquelles on ne sait que répondre, on se moque de la France et de ses déconfitures actuelles, de ses certitudes et de ses bons conseils, pas de « l'homme », pas du « nom » !

Mitterrand devient un cher disparu dont la haute intelligence efface les erreurs du passé ! Dès qu'une vieille affaire un peu douteuse ressort, fait scandale, on me congratule, c'est honteux de s'acharner comme ça sur un décédé, paix à ses cendres…

Faut-il s'expatrier pour avoir le droit de se nommer Mitterrand sans encourir l'animosité ? Une autre vie, un pays inconnu, tout un programme, une aventure pour moi qui fut une épouse si casanière, l'objet d'un nouveau récit, qui n'est pas aujourd'hui à l'ordre du jour.

En tout cas, c'est agréable de ne plus être une cible, enfin je peux dire mon nom sans le baragouiner.

Qu'on se mette à ma place, c'est mon troisième nom de famille, j'ai eu celui de mon père, d'un premier mari, d'un second, je préfère me passer d'un quatrième baptême ! Voilà vingt-cinq ans que je le porte, un bail ! Spontanément, j'aurais du mal à me présenter autrement. J'ai toujours quatre enfants qui eux n'en changeront pas, je les adore, ils sont presque adultes, ils sont loin de moi, je ne peux envisager de me séparer d'eux davantage par des états civils différents. Probablement vais-je devenir la grand-mère d'une dizaine de petits Mitterrand, serais-je condamnée à leur être étrangère.

Par ailleurs, je ne voudrais pas reprendre l'estampille paternelle, mon père n'est plus là pour me l'interdire, cependant, nous savons combien les apparences comptent pour les bourgeois, on doit les sauver. Je pense qu'il n'apprécierait pas me voir retourner au célibat officiel.

Et… en essayant de ne pas avoir l'air prétentieux, dernier paramètre, peut-être insignifiant, mais essentiel à mes yeux : un mauvais choix risque d'assombrir ma nouvelle existence. Il m'a fallu changer mon fusil d'épaule, la fuite du temps m'a volé mes petits, la nostalgie me submerge parfois, le vide est immense, la maison silencieuse, il me faut une issue de secours. Je n'aime pas les voyages, les vacances, les croisières. Je crains l'air du dehors, qu'il soit froid ou chaud. Je ne pratique aucun sport, aucun hobby…

Bref, je ne suis curieuse que de l'âme des autres, pour en faire des personnages par l'écriture. L'écriture me sauve, un nouvel avenir, une deuxième chance que je voudrais réussir. Je ne peux pas vivre sans écrire, est-ce là la définition d'un écrivain, je l'ignore. Stylo, puis ordinateur, j'ai toujours écrit, je pourrais me contenter du secret comme je l'ai fait pendant tant d'années, mais après avoir été publiée, j'ai maintenant besoin des lecteurs, ils sont devenus des amis. Comme tout le monde, j'éprouve le désir de la reconnaissance, peut-être est-ce présomptueux, c'est ainsi. Peut-être, un jour, perdrai-je cette ambition, aujourd'hui j'y suis assujettie.

Je ne suis pas une femme publique, disons seulement qu'on commence à me connaître sous le nom de Mitterrand. Certes, le goût de la littérature prime, le travail, surtout le travail est nécessaire, les relations le sont également, mais c'est à la durée que se maintient un auteur, alors, après quatre romans écrits sous ce nom, est-ce raisonnable de noyer son passé, ai-je encore le temps de repartir du bon pied avec une nouvelle identité, et tout recommencer à zéro ? En ai-je le courage ? J'en doute !

J'ai bien un nom de remplacement, qui convient à mon type physique, transmis par les liens du sang. Ma grand-mère maternelle, vénézuélienne s'appelait Dolorès Marquez, à Caracas il y en a des centaines, comme Dupont en France, Anna-Maria Marquez, c'est joli, mais je me rapproche d'une autre vedette, cette fois dans la littérature, Gabriel Garcia Marquez. Dois-je lui demander sa permission ? En dépit de ma bonne conscience, serais-je donc une opportuniste ? À croire que je fais exprès de me cramponner à la célébrité d'un voisin ; pourtant je n'invente rien, je raconte les faits tels quels, comme ils viennent !

Sainte Vierge ! Je suis en situation bien délicate ! Que faire ? Quelle décision prendre ? Qui peut me conseiller ? Donnez-moi votre sentiment.

Demain, j'y penserai demain.

TABLE DES MATIÈRES

Impression réalisée sur CAMERON par

BUSSIÈRE CAMEDAN IMPRIMERIES

GROUPE CPI

à Saint-Amand-Montrond (Cher)
en février 2003

Éditions du Rocher
28, rue Comte-Félix-Gastaldi
Monaco

Dépôt légal : mars 2003.
N° d'Édition : CNE section commerce et industrie Monaco 19023
N° d'Impression : 031039/1

Imprimé en France